イーグル・クロー作戦

在イラン・アメリカ大使館人質事件の解決を目指した
果敢な挑戦

ジャスティン・ウィリアムソン 著
影本賢治 訳

鳥影社

Operation Eagle Claw 1980:The Disastrous Bid to End the Iran Hostage Crisis
Justin W. Williamson

This translation of Operation Eagle Claw 1980 is published by Choeisha Co., Ltd.
by arrangement with Osprey Publishing, part of Bloomsbury Publishing Plc.

イーグル・クロー作戦　目次

発端
ORIGINS

イラン革命

　１９７９年11月、イスラム革命の真っ只中にいたイラン国民は、その怒りの矛先をテヘランのアメリカ大使館に向けていた。アメリカとイランは、それまで何十年にもわたって友好な関係を続けていた。ところが、革命に熱狂し、アメリカの政策に反発したイランの群衆は、（本来はアメリカの領土として扱われるべき）アメリカ大使館を襲撃し、66人のアメリカ人を人質にして立てこもった。その人質を救出するために行われた、史上まれに見る大胆な軍事作戦、それが「イーグル・クロー作戦」である。

　１９７０年代の後半、イランのパーレビ国王（モハンマド・レザー・パフラヴィー）の政策には、さまざまな問題が露呈し始めていた。数十億ドルを注ぎ込んで西側資本の導入を図ったにもかかわらず、ペルシャ帝国の栄光を取り戻すという国王の夢は実現しなかった。その一方で、パーレビ政権がはびこらせた腐敗政治や西側の基準に合わせるための性急な近代化政策は、深刻な経済破綻や社会不和をもたらしていた。アメリカからの過剰なまでの支援にもかかわらず、その危機的状況には改善の兆しが見えなかった。国王の西洋志向とイランの伝統的宗教や民族社会との間に生じた緊張は、日を追うごとに高まっていた。その背景には、後に過激な革命の火種となる階級格差があった。混乱を鎮めようとしたパーレビ政権は、イラン軍を利用したり、悪名高い秘密警察サバクに自由な活動を認めたりしたが、事態は悪化する一方だった。

　パーレビ国王に反対する人々から支持されたのは、アーヤトッラー・ルーホッラー・ホメイニーであった。国王の「白色革命」に反

1977年11月15日、ホワイトハウスで行われた公式晩餐会に参列したジミー・カーター大統領とパーレビ国王。カーター大統領は、国王に対する不快感をあらわにした。人権擁護を標榜し、世界中の指導者にそれを求めていたカーター大統領が、国王のイランでの所業を好ましく思うわけがなかった。
（Corbis, Getty Images）

対したとして1964年に国外追放されていたホメイニーは、国益を売り、女性により多くの権利を与え、識字率を高め、非イスラム教徒の在職を許そうとする白色革命の不正を正し、宗教的な法の支配を復活させることを絶えず訴え続けた。その言葉を記録したテープや文章は、密かにイランに持ち込まれ、巻き起こる経済・社会的変革の中、国が向かうべき方向を模索するイラン国民の間に深く浸透していった。

1979年1月16日、イラン国内の暴動や抗議行動が収拾のつかない状態になると、パーレビ国王はイランを脱出してしまった。1979年2月1日、ホメイニーは、国王の出国と残された政府の混乱に乗じ、イランへの帰国を果たし、2月5日には暫定革命政府の樹立を宣言した。何十年も続いてきたアメリカとイランの蜜月関係は重大な危機を迎えた。

1979年2月14日、約75人のイラン人がアメリカ大使館敷地の塀を乗り越え、大使館本館、領事部庁舎および居住区を襲撃する事件が発生した。この暴動はメフディー・バーザルガーン首相により数時間で鎮圧され、治安の回復が図られた。アーヤトッラー・ホメイニー最高指導者による謝罪さえも行われた。ただしその後も、シーラーズやタブリーズにあるアメリカ領事館への攻撃が続いた。テヘランの外交官の中には、大使館を閉鎖すべきだと主張する者もいたが、それが実行に移されることはなかった。

大使館の占拠

イランを脱出したパーレビ国王は、各国を転々とする間に健康状態を悪化させていった。ジミー・カーター大統領は、病気治療のた

1977年11月、パーレビ国王がワシントンDCを訪問した際に行われた反国王勢力による抗議活動の様子。カーター大統領がパーレビ国王を招待すると、イラン国内外におけるパーレビ政権への反発は急激に強まり、ついには暴力的な行動へと発展した。（Bettmann, Getty Images）

めに国王のアメリカ入国を認めるべきだという強い圧力にさらされた。アメリカが支持していた国王と長年にわたって親密な関係を続けてきた人々は、カーター大統領に対しあらゆる影響力を行使した。その一方で、アメリカ国務省は国王の受け入れを拒否するように警告した。イラン国民をこれ以上刺激すると、テヘランのアメリカ大使館が標的にされる可能性があったからである。しかし1979年10月22日、国王の支持者たちからの圧力に抗しきれなくなったカーター大統領は、国王が病気治療のためにアメリカに入国することを承認した。

パーレビ国王がアメリカに入国すると、ホメイニーはアメリカへの批判をさらに強め、アメリカを「Great Satan（巨大な悪魔）」と呼ぶようになった。国王がメキシコからアメリカの土を踏んだ時、アメリカの対イラン政策に抗議するために大使館に集まっていた群衆の怒りは頂点に達した。アメリカは国王と共謀して革命政府を転覆しようとしていると見なされたのである。

パーレビ国王とアメリカとの蜜月関係が始まってから1979年までの間、アメリカ大使館の職員や外交使節の人数は年を追うごとに増え続けていた。ピーク時には27エーカー（約11ヘクタール）の敷地内に1，500人以上の職員が勤務していた。その敷地にある最大の建物は、2階建ての大使館本館であり、その内部には、外交使節事務室、大使執務室、会議室などがあった。本館の横には領事部庁舎があり、ビザの発行やイラン在住アメリカ人の支援などの日常的な業務が行われていた。本館裏側のグラウンドを挟んだ反対側には、大使館倉庫があった。その建物には窓がなく、高温多湿でカビが繁殖しやすいことから「マッシュルーム・イン」と呼ばれてい

アメリカ大使館が占領された後、アメリカに対する怒りをあらわにするイラン人たち。大使館の外にはイラン人の群衆が毎日押し寄せ、アメリカによる内政干渉に抗議し、パーレビ国王の帰国を要求していた。イーグル・クロー作戦の計画立案者たちは、行動が予測できない群衆の存在を強く恐れていた。強襲作戦の最中に群衆が押し寄せた場合に備え、AC-130が上空に待機し、デルタからの要求に応じて火力支援を行うことになった。1979年11月16日撮影。（Kaveh Kazemi, Getty Images）

た。大使公邸は、大使の住居だけではなく、外交レセプションのための部屋も備えた大きな2階建ての建物であった。公館次席公邸も、大使公邸ほどではないものの、かなりの大きさがあった。それ以外にも、アメリカの商品を販売するカミサリー（購買部）、アメリカ情報局事務所、駐車場および自動車整備所、4棟の職員宿舎、レクリエーション施設などがあった。敷地の中央には、2面の広いグラウンドがあった。国際法によれば、大使館の敷地はアメリカの一部であり、接受国であるイランはそれに対する侵害を防止する義務を負っていた。

１９７８年から１９７９年にかけてイラン革命が激化すると、大使館を閉鎖すべきかどうかが議論になった。革命の初期段階においては、新たに現れた革命指導者もソヴィエトからの圧力に対抗するためにイラン国内におけるアメリカのプレゼンスを維持し、外交チャネルを開き、領事業務を継続するとみられていた。しかしながら状況は悪化の一途をたどり、多くの大使館職員とその家族、およびイラン在住のアメリカ人が避難しなければならなくなった。１９７８年12月から１９７９年3月１日までの間にイランから避難したアメリカ国防総省および国務省職員とその扶養家族は、1万人を超えた。何千人ものアメリカ民間企業の従業員やその家族も、慌てて避難を始めた。１９７９年秋の時点で大使館に残っていたアメリカ人は、66人だけであった。

１９７９年11月4日の早朝、大使館の外でいつもの抗議活動が始まった。ただしこれまでと異なり、その群衆には単なる抗議以上の行動を起こそうとする学生指導者のグループが混じっていた。代理大使のブルース・ラインゲンたち３人の大使館職員は、大使館に対する保護の強化を要請するため、イラン外務省で開かれる会合に向かっていた。テヘラン時間10時30分頃、大使館の政治担当官であるエリザベス・アン・スウィフトはワシントンDCの国務省7階にあるオペレーション・センターに電話をかけ、多数のイラン人が大使館の塀を乗り越えて敷地内に侵入したことを切羽詰まった声で報告した。大使館本館の2階にいた職員たちは、大使館の陥落に備えるため機密文書の破棄を始めた。領事部庁舎にいた職員たちはビザの印刷版や関連文書を破棄した後、そこを脱出してカナダ大使館に逃げ込んだ。大使館本館では、海兵隊の警備員たちが暴徒に危害を加えることなくそれを1階に押し戻そうと1時間にわたって攻防を繰り返していたが、2階へと退却せざるを得なくなった。正午には、職員たちをあぶり出そうとしたイラン人たちが大使館本館の1階に火を放った。テヘラン時間12時20分、逃げ場を失った職員がドアを開けると、大使館は陥落した。スウィフトは、「私たちは、降伏します」と電話で伝えた。まもなく、目隠しをされ後ろ手に縛られて群衆の前を歩かされるアメリカ人外交官たちの姿が報じられた。世界中に衝撃が走った。

　大使館が襲撃されたことに、誰もが驚きを隠せなかった。それでも始めのうちは、この人質事件の解決にそれほど時間がかかるとは考えられていなかった。一国の政府が、大使館を占領しその職員を人質に立てこもった者たちを支援するなどという事態は、ほとんど前代未聞のことだったからである。１９６１年に採択された外交関係に関するウィーン条約は、接受国政府に対し敷地内への立ち入りを禁じるだけではなく、大使館や外交使節団の保護を義務づけていた。自らの意志に反して学生たちによって囚われた66人のアメリカ人には、なお一層の外交的保護を受ける権利があった。しかし、大使館の占拠を阻止できなかったイラン革命の指導者たちが、もはや国際条約を尊重するはずがなかった。外交官たちが直ちに釈放されない場合にアメリカがとりうる対抗措置には、経済制裁や軍事行動などの複数の選択肢があった。ジミー・カーター大統領は、外交的な解決を望んだ。しかし、それができない場合には、武力を行使するしかなかった。

現在の在イラン・アメリカ大使館。作戦計画の立案者にとって問題だったのは、大使館本館の大きさと広大な敷地に存在する建物の多さであった。ベックウィズ大佐は、救出部隊には相当な勢力が必要であり、その空輸には多数のヘリコプターが必要であると主張した。後に、デザート・ワンで作戦に使用できるヘリコプターが5機になった際にも、救出部隊の規模を縮小して作戦を続行できるかという問いに対して、断固としてそれを拒否した。救出作戦には、参加しているすべての隊員を必要としていた。一人でも欠けたならば、作戦の続行は不可能であった。大使館の広大な敷地に対応できなくなるからである。（Ninara, CC-BY-2.0）

クロノロジー CHRONOLOGY

１９７７年 11月19日 第１特殊部隊デルタ作戦分遣隊が創隊。要員の募集、選定および訓練を開始

１９７８年 1月～１９７９年 2月 イラン革命が勃発

１９７９年 1月16日 パーレビ国王が亡命

2月1日 イラン革命の精神的指導者であるアーヤトッラー・ホメイニーが亡命先から帰国

2月11日 イラン君主制が崩壊し、ホメイニーが最高権力を掌握

2月14日 イラン人が27エーカー（約11ヘクタール）の大使館敷地に侵入し、ウィリアム・Ｈ・サリバン大使など数名のアメリカ人を拘束。メフディー・バーザルガーン首相が軍隊を派遣して捕虜を解放し、すみやかに秩序を回復

4月1日 ホメイニーがイラン・イスラム共和国を樹立

10月22日 パーレビ国王が病気治療のためアメリカに入国

11月2日 デルタ・フォースが大規模な訓練検閲を実施

11月4日 イラン人学生らがテヘランのアメリカ大使館を占拠

11月12日 ジェームズ・ヴォート少将が新編された救出部隊（第１－79統合任務部隊、ＪＴＦ１－79）の司令官に就任。「ライス・ボウル人質救出作戦」の計画立案を開始

11月19～20日 イランが13人の人質を解放

11月20～23日 アメリカがイランに対し、人質が裁判にかけられた場合、自衛権を保障する国連憲章に基づき軍事力を行使することを官民双方のチャネルを通じて警告

12月2～3日 イランで国民投票が行われ、神権的な新憲法を圧倒的多数で承認

12月4日 人質犯が８人の人質を裁判にかけると発表

12月3～6日 救出部隊がアリゾナ州ユマのユマ性能試験場（Yuma Proving Grounds）で訓練を実施

12月8日 ベックウィズ大佐がヘリコプターのパイロットに関する問題点を指摘する公式文書をヴォート少将に送付

1980年

12月24日	ソヴィエトがアフガニスタンへの侵攻を開始
12月26日	空母「キティ・ホーク」に搭載されたRH‐53D（6機）が、空母「ニミッツ」に向けて移動を開始
12月16〜28日	救出部隊がアメリカ南西部の砂漠で訓練を実施
1月2日	カーター大統領が補佐官に対し、交渉決裂という最悪のシナリオに備えイランに対する宣戦布告の議会への要求などを準備するように指示
1月16〜18日	救出部隊がノースカロライナ州の非公開地域で訓練を実施
1月20日	カーター大統領が、ソヴィエトのアフガニスタン侵攻への対抗措置として、カーター・ドクトリンを発表
1月23日	追加分のRH‐53D（2機）が空母ニミッツに到着
1月28日	カナダ大使館に隠れて人質になるのを逃れた6人のアメリカ大使館職員が、カナダのパスポートを使ってテヘランから脱出
1月29〜31日	救出部隊がネバダ州マーキュリーのネバダ実験場（Nevada Test Site）内にあるエリア25で訓練を実施
2月14日	イランが数人の人質を銃殺隊の前に整列させ、模擬処刑を実施
2月26〜27日	救出部隊がカリフォルニア州フォート・アーウィンのナショナル・トレーニング・センターで訓練を実施
3月1日	救出部隊が緊急展開統合任務部隊（Rapid Deployment Joint Task Force）を編成
3月25〜27日	救出部隊がカリフォルニア州トゥウェンティナイン・パームズ海兵隊基地で訓練を実施
3月30日〜4月1日	救出部隊がデザート・ワンの状況を把握するためイラン国内への隠密飛行を実施
4月7日	カーター大統領が国務省の反対を押し切りイランとのすべての外交関係の断絶、外交官の追放、食料品および医薬品を除くすべての物品の輸出禁止などの対抗処置を決定
4月11日	カーター大統領が主要閣僚を招集し、救出作戦の実施を決定
4月14〜15日	救出部隊が作戦の最終予行を実施
4月16日	救出部隊が統合参謀長およびカーター大統領に対し救出作戦の全般ブリーフィングを実施
4月17〜20日	作戦部隊が戦域への移動を開始
4月21日	国務長官サイラス・ヴァンスが作戦の実施に反対し、カーター大統領に辞任を上申
4月23日	救出部隊が「イーグル・クロー作戦」を実行段階へと移行

1980年4月24日　2機のC-141Bに分乗した救出部隊が、オマーンのマシーラ島にあるイギリス空軍基地に開設された前方中継基地（Forward Staging Base, FSB）に展開

4月24日　救出部隊が作戦命令を下達

4月24日　救出部隊がイーグル・クロー作戦を開始。以下に示す時刻は、第1-79統合任務部隊（JTF 1-79）の通信記録による。

1405Z　最初のMC-130Eがマシーラ島から離陸

1506Z　RH-53D（8機）が空母ニミッツから発艦

1511Z　残りのMC-130EとEC-130Eがマシーラ島から離陸

1715Z　1機のヘリコプター（ブルービアード6）が、機械的不具合により不時着

1740Z　ヘリコプター編隊が最初のハブーブ（砂嵐）に遭遇

1810Z～1930Z　C-130がデザート・ワンに着陸

1812Z　デザート・ワンに向かって接近してきた燃料タンク車を攻撃・破壊。同じく接近してきたバスを攻撃し、44人のイラン民間人を捕獲。

1920Z　1機のヘリコプター（ブルービアード5）が空母ニミッツへの帰投を開始

1930Z　ヘリコプターの到着予定時刻

2000Z　デザート・ワンから2機のMC-130Eが離陸し、マシーラ島に帰投

2022Z　デザート・ワンに1機目のヘリコプターが着陸

2057Z　デザート・ワンに最後のヘリコプター（6機目）が着陸

2120Z　1機のヘリコプター（ブルービアード2）を飛行不能と判断

2135Z　カイル大佐およびベックウィズ大佐が作戦中止を上申

2202Z　アメリカ政府が作戦中止を了承

2222Z　ヘリコプター（ブルービアード3）がEC-130E（リパブリック4）と衝突。8名の隊員が死亡

2245Z　事故を免れた1機のMC-130Eと2機のEC-130Eがデザート・ワンから離陸

2300Z　1機のヘリコプター（ブルービアード5）が空母ニミッツに帰艦

4月25日　カーター大統領が事案の発生をアメリカ国民に公表

4月26日　「スノー・バード作戦」と命名された2回目の救出作戦の計画立案を開始

4月27日　国家安全保障問題を担当するズビグネフ・ブレジンスキー大統領補佐官およびジミー・カーター大統領が、ベックウィズ大佐およびデルタ・フォースに面会するためキャンプ・ピアリーを訪問

5月9日　アーリントン国立墓地において、作戦中に殉職した隊員たちの追悼式典を実施

7月11日　多発性硬化症を発病していたアメリカ人の人質リチャード・クイーンが解放され、人質の数が52人に減少

7月27日　アメリカから出国していたパーレビ国王が、癌のためエジプトで死亡。遺体は、カイロに埋葬

8月23日　ホロウェイ委員会（特殊作戦調査グループ）が報告書を発表

9月22日　イラクを統治していたサダム・フセインがイラン南部に侵攻

10月29日　「ハニー・バジャー作戦」を準備するための「クレディブル・スポーツ」の最終試験中に、ロケット補助推進離着陸装置を搭載するなどの大規模な改修が施されたＹＭＣ－１３０が大破

11月4日　カーター大統領が大統領選挙でロナルド・レーガンに敗北

11月23～24日　2回目の救出作戦の最終訓練を実施

1981年

1月19日　アルジェ合意が調印され、人質事件解決のためのアメリカ—イラン間の最終協定が成立

1月20日　ロナルド・レーガンが第40代アメリカ合衆国大統領として宣誓を行ってから数分後、イランが52人の人質を４４４日ぶりに釈放

注：時刻の後の「Z」は、「国際標準時」を意味する。

デザート・ワンでの事故で破壊されたEC-130E リパブリック4。搭乗員のうち5名（丸で囲んだ人物）が死亡した。（左から）リチャード・バッケ大尉、ジョエル・メイヨー2等軍曹、リン・マッキントッシュ大尉、ハル・ルイス大尉、チャールズ・マクミラン大尉（DoD）

戦略

INITIAL STRATEGY

報復作戦の立案

アメリカ大統領府は、人質事件の解決に時間がかかることが分かってくると、平和的な解決を追求しつつも国防総省に軍事的な選択肢を準備するように指示した。作戦計画立案グループは、人質に危害が及んだ場合に備え実行可能な報復作戦のリストアップを開始した。その攻撃目標には、イラン人の人的被害を最小限にとどめられるものが選ばれた。検討された軍事シナリオには、イランの油田に対する攻撃、機雷の設置による港湾の封鎖、人質と交換するためのハールク島石油精製施設の占領などがあった（Thigpen, 185）。イラン海域における軍事作戦の遂行は多くの問題を引き起こすと予想された。イランからの石油輸出停止による世界経済への打撃、報復による人質の殺害、アメリカ軍艦船に対する攻撃、ソヴィエトによる掃海艇や掃海機の派遣、ソヴィエトとアメリカの衝突などである。別のシナリオとしては、艦載機に援護されたＡＣ－１３０Ｈスペクター・ガンシップによるイラン沿岸部の掃射も検討された。また、特殊な電子戦機器を搭載したＣ－１３０によりイランの電力網を停止させる、「エルボー・ラブ」とよばれる計画も検討されていた(Thigpen, 203)。

第1特殊部隊デルタ作戦分遣隊

イランは相当な兵力を保有していたものの、革命による混乱に乗じ、人質事件を理由に複数の国と協調して開戦すれば、アメリカ側が勝利すること確実であった。ただし、多くの血が流されることは避けられず、また、その紛争がイラン地域外へと拡大する恐れもあった。ジミー・カーター大統領は、外交が失敗した場合に備えた別の解決策を必要としていた。そんな中、もう一つの実行可能な選択肢をもたらしたのは、わずか2年前に創設され、これまでにない型破りな任務を遂行する準備を進めていた特殊作戦部隊であった。デルタ・フォース（第1特殊部隊デルタ作戦分遣隊、以下デルタと呼称）は、直ちに対処要領の検討を開始した。

人質事件が起こった頃、デルタはすでに運用可能な態勢を整えつつあった。1970年代に増大したテロの脅威への備えを必要としていたアメリカ国防総省は、ある構想に着目し始めた。それは、チャールズ・A・ベックウィズ大佐によって提案された、イギリスの特殊空挺部隊（Special Air Service，SAS）のような特殊作戦部隊の創設であった。ベトナム戦争から帰還したベックウィズ大佐は、グリーン・ベレー（アメリカ陸軍特殊部隊群）の一員として、マレーシアで実施されたイギリス軍第22特殊空挺部隊との交代勤務プログラムに参加した。その部隊の能力に強い感銘を受けたベックウィズ大佐は、自分の部隊に戻ると、アメリカ軍にも同様の組織を創設することを提唱したのであった。当時、アメリカ軍の特殊作戦遂行能力には多くの課題があった。1975年5月には、ベトナム沖でコンテナ船マヤグエース号の40人の乗組員を救出しようとして、41名のアメリカ軍人を死亡させていた。また、1970年11月には、北ベトナムのソンタイでアメリカ人捕虜を救出しようとしたが、作戦は失敗に終わっていた。アメリカ軍にベックウィズ大佐が提案するような特殊部隊が必要なことは明らかであった。ベックウィズ大佐の国防総省に対する要望が、長い年月を経てようやく実現へと向かいはじめた。

1977年11月19日、ベックウィズ大佐は新しい対テロ作戦部隊をわずか2年間でゼロから創設することになった。その部隊は、のちに「第1特殊部隊デルタ作戦分遣隊」（1st Special Forces Operational Detachment - Delta）と呼ばれることになる。1978年4月には、訓練参加要員の選考が開始された。それは厳格な手順を踏みながら進められた。フォート・ブラッグに新設された「スタケイド（軍事刑務所）」と呼ばれるデルタの司令部に出頭することができたのは、肉体的、精神的および心理的な資質によってふるいにかけられて残った者だけだった。そこで待ち受けていたのは、アメリカ軍最高の対テロ作戦部隊のオペレーター（作戦要員。デルタに所属する隊員のうち、特別に選抜され、専門の訓練課程を卒業した者だけがこう呼ばれる）となるための厳しい訓練であった。旅客機、バス、電車および船への突入、狙撃、CQC（close-quarters combat，至近距離戦闘）、応急処置、心理戦、監視および対監視、護衛、地図判読、ホット・ワイヤリング（自動車のイグニッションキーをバイパスしてエンジンを始動すること）、空挺降下、爆発物の取り扱い、ピッキング（錠前を鍵を使わずに開けること）など、人質救出や秘密工作に必要なあらゆる訓練が行われた。人質救出を訓練するための実弾訓練場も整備された。そこでの訓練は、想像を絶するほど過酷なものであった。テロリストを模した標的の間に仲間を座らせておいてからオペレーターたちが突入し、標的に向かって実弾を打ち込むのである。ルーム・クリアリング（室内掃討）の訓練も、すべてのオペレーターがその手順を習性化できるまで、何度も繰り返された。

テロの脅威が現実味を帯びる中、ベックウィズ大佐の特殊作戦部隊は、多くの連邦政府機関から積極的な支援を受けることができた。ＦＡＡ（Federal Aviation Administration，連邦航空局）からは、人質救出訓練用のジェット旅客機が提供された。その機体は、荷物コンテナの中に潜り込んだり、脚格納室をよじ登ったり、主翼の下に隠れたりして機内に突入する方法の研究に役立てられた。また、アメリカ合衆国シークレット・サービスとは、政治家、外交官およびＶＩＰらの防護・救出要領に関する共同訓練を行うことができた。さらに、世界中の同盟国を訪問し、その特殊作戦部隊を視察することもできた。

しかしながら、ベックウィズ大佐が驚いたことに、アメリカ陸軍内には与えられた期間でデルタを運用可能状態にすることは不可能だろうと考える向きもあった。その意向を受けて陸軍内に創設されたのが、ブルー・ライト対テロ作戦群であった。これに対し、ベックウィズ大佐は、第5特殊部隊群から引き抜かれたグリーン・ベレーなどで編制されたこの部隊は、ある程度の経験や基盤を有しているものの、デルタが想定しているような多様な任務には対応できないと感じていた。その予感は的中し、１９７８年8月にブルー・ライトは解組されることになった。ベックウィズ大佐は、その要員のうち資格認定試験と面接に合格した者について、デルタへの移籍を認めることにした。

１９７９年11月1日からの数日間、デルタは航空機と建築物に対する強襲作戦を同時に実施する最終検閲を受閲した。高い評価を得て検閲を終了し、その後の報告と祝福の電話で疲れ果てたベックウィズ大佐がベッドに入ったのは11月4日の早朝であった。午前7時、眠りについたばかりのベックウィズ大佐の電話が鳴った。それは、テヘランのアメリカ大使館が「陥落」したというデルタの当直士官からの報告であった。（Beckwith, 175）。

ジェームズ・ヴォート少将の指揮官就任

直ちにアメリカ軍の様々な特殊作戦部隊の関係者がアメリカ政府や国防総省に呼び寄せられ、外交的解決が得られなかった場合に行う人質救出作戦について検討が開始された。

1981 年、軍を退役し、くつろいだ表情を浮かべるチャールズ・アルヴィン・ベックウィズ大佐（1929–94）。デザート・ワンでの事故以降、ベックウィズ大佐にデルタの作戦を指揮する機会が与えられることはなかった。ベックウィズ大佐は、このような国防総省による扱いを不満に思っていた。ベックウィズ大佐がゼロから作り上げた第 1 特殊部隊デルタ作戦分遣隊は、初陣で敗退した後も解散されずに残った。それから 40 年経った現在においても、デルタは世界中でテロとの戦いを続けている。（Will McIntyre/The LIFE Images Collection, Getty Images）

その作戦では、アメリカに対して必ずしも友好的ではない国々に囲まれた地域において、今では敵国となった国の奥深くまで侵入し、人口400万人の都市の中心部にある数多くの建物で構成された広大な施設を強襲することが求められる。ほどなくして40以上の計画が提案されたが、そのほとんどは全くもって非現実的なものであった。その中には、救出部隊をボートで侵入させるとか、パラシュートで降下させてから自転車でテヘランに向かわせるなど、馬鹿げていると言ってもよさそうなものさえあった。11月初旬の段階では、何が実行可能なのかを把握しようとするばかりで、何が計画立案の焦点なのかが見失われてしまっていた。

11月12日、ヨーロッパから国防総省に到着したジェームズ・ヴォート少将が第1－79統合任務部隊（JTF 1－79）の指揮官に就任すると、この救出作戦は公式なものとなった。同日、主要部隊の指揮官が決定した。ヴォート少将は統合任務部隊全体の司令官、ベックウィズ大佐はテヘラン地域の指揮官、ベトナムで空軍特殊作戦任務を経験していたジェームズ・H・カイル大佐は空中部隊の指揮官を命ぜられた。作戦の方針は、「迅速かつ隠密にテヘランに侵入し、大使館を奇襲し突入する。その際、武力の行使および彼我の人的損失を必要最小限にとどめる。じ後、人質および救出部隊を速やかに離脱させる」と決定された。その計画は、保全上の理由から「ライス・ボウル作戦」と呼ばれ、アジアにおける人道救援活動の一環であるかのように装われた（Lenahan, 38）。

作戦計画が最終的にどのようなものになろうとも、デルタは、それまでの訓練で経験したことのない多くの課題に直面するのが確実であった。残念なことにデルタの過去2年間の訓練は、受入国政府の全面的な支援を受けた寛容かつ友好的な環境での作戦を前提としたものばかりであった。敵国の領域内での任務遂行が要求されるこの作戦では、外部からの支援や援助がほとんど望めなかった。また、市街地での戦闘を回避しつつ、大使館を強襲し、人質と共に離脱しなければならなかった。さらに、民間人の死傷者を最小限にできる作戦計画でなければ承認されなかった。

最大の懸案事項は、企図の秘匿であった。特殊作戦部隊の隊員や装備品の移動をソヴィエトに察知されないようにするため、作戦の準備は通常の手続きを完全に排除し、参加人員を必要最小限にして慎重に

デルタがマシーラ島に向かう直前にワディ・ケナで肩を組むヴォート少将とベックウィズ大佐。数ヵ月におよぶ準備を終えた二人は、作戦の成功を確信していた。ヴォート少将はワディ・ケナに残り、「レッド・バーン」と呼ばれる指揮所から作戦を見守ることになっていた。ベックウィズ大佐は、後に「何ヵ月にもわたって作戦計画を一緒に立案してきたにも関わらず、デザート・ワンでヴォート少将から、5機のヘリコプターだけで作戦を続行できるかどうかを問われた時、私の彼に対する敬意は消え失せた」と書き記すことになる。（Beckwith, 254）（DoD）

テヘランのアメリカ大使館を占拠したイラン人学生と門に押し寄せる群衆。学生たちは、予想以上の組織力を発揮し、群衆が門を超えないように押し留めていた。少しでも良い写真を撮ろうとする海外報道陣の姿も見える。（Alain MINGAM/Gamma-Rapho, Getty Images）

進められた。そのために行われた組織の細分化と作戦保全の徹底は、計画立案者による戦術的情報の収集を極めて困難にした。友好国の特殊作戦部隊への協力要請について問われたヴォート少将は、「絶対に不可能だ」と答えた。

11月16日、2夜にわたる作戦の基本構想が決定された。最初に、エジプトのワディ・ケナから離陸したMC-130Eコンバット・タロンとKC-135Bが、紅海に沿ってサウジアラビアを迂回《うかい》し、イランに侵入する。その後、500ガロン（約1,893リットル）のゴム製ブラダー・タンクをイランのどこかに空中投下または設置して、イラン沖の艦船から飛来するヘリコプターに燃料を補給する。強襲部隊はヘリコプターで北に移動し、2晩目に行う大使館および外務省庁舎の強襲に備える。細部についてはさらに検討が必要であったが、構想自体は実行可能だと考えられた。大使館への突入自体は難しくないと見積もられたが、いかにしてイラン軍に気づかれずに大使館に侵入し、そこから離脱するかが計画立案者たちを悩ませていた。

計画の構想が固まるにつれ、救出部隊の人員数は爆発的に増加した。デルタだけでは任務を遂行できないのが明らかであったが、ベックウィズ大佐は、組織の文化や訓練の相違による混乱や問題の発生を避けるため地上部隊への別部隊の追加に反対した。しかし、その意見はヴォート少将によって退けられてしまった。解放された人質の離脱に用いる飛行場を占領する任務は、第75レインジャー連隊（以下レインジャーと呼称）第1大隊C中隊に割り当てられた。また、イラン国内の合流・給油地点における監視任務もレインジャーが行うことになった。

空中部隊の編成が検討されている間に、デルタは大使館という「目標」における行動に集中し、作戦準備を加速させた。イランへの侵入・離脱要領については、デルタ以外の部隊が検討を続けていた。大使館に突入し、人質を発見し、救出するという一連の流れを繰り返し演練するため、大使館のモックアップ（原寸模型）が建設された。8フィート（約2・4メートル）四方の大使館敷地の詳細な模型も作成された。その模型は、作戦の検討を容易にするために建物の屋根を取り外し、屋内の間取りを確認できるようになっていた。大使館の設計図も入手され、元大使館職員からの聞き取りも行われた。それらにより、数多くの要考慮事項が明らかになった。

デルタには、解決しなければならない問題が山ほどあった。ドアを吹き飛ばしたりこじ開けたりするために必要なものは何か、建物の中にどうやって入るのか、敷地の周囲を囲っている塀の高さはどれくらいか、階段はどこに通じているのか、電源を遮断するためにはどうしたらよいのか、敷地内を移動するために必要な時間はどのくらいか、そして救出部隊をどのように編成するのか。救出部隊の一部は、イラン以外の各国のアメリカ大使館に向かい、建物の間取り、ドアや窓の構造などを確認した。突破方法を研究するため、実物と全く同じドアも調達された（Vining）。訓練用の塀を構築し、完全武装状態で目をつぶってでも突入できるようになるまで、何回も訓練を繰り返した。訓練に際しては、上空を通過するソヴィエトのスパイ衛星から見つからないように注意が払われた。大使館の塀や建物の輪郭を示すために地面に張り巡らされた白い反射テープは、衛星が上空を飛ぶ時間帯になると取り外され、衛星が通過した後に再び配置された。このような訓練が、大使館強襲の要領が確立されるまで何度も繰り返された。

11月下旬には、ニュース報道や解放された13人の人質から得られた供述から、残りの人質が閉じ込められている可能性の高い建物が推定できるようになった。敷地内の建物のうち、調理場がなかったり、立地条件が悪かったり、暖房設備が整っていないものは、目標から除外された。具体的には、駐車場や領事部庁舎などの建物が対象外となった。その結果、人質は敷地内の職員宿舎と大使館本館に収容されている可能性が高いと考えられた。人質を見張っている学生たちの心理分析も行われた。当初の熱狂から冷めた学生たちは、単調でマンネリ化した日々に嫌気がさし始めており、人質に危害を加えるような意志を失っていると考えられた。戦うことなく武器を捨てる可能性もあった。作戦中に問題が生じた場合に備え、トルコやアフガニスタンまでの車両移動が計画され、そのための訓練も行われた。その訓練には、国境の検問所などを通過する際に必要なトルコ語やペルシャ語の修得も含まれていた。

11月20日および23日、アメリカは、人質がイランで裁判にかけられた場合には、国連憲章が定める自衛権の規定に基づき軍事力を行使することを宣言した。同時に、太平洋に配備されていた「キティ・ホーク」（CV－63）空母打撃群をアラビア海に派遣し、「ミッドウェイ」（CV－41）空母打撃群に合流させた。GONZO（Gulf of Oman Naval Zone of Operations, オマーン湾海軍作戦海域）と呼ばれるイラン周辺の海域は、アメリカ海軍の艦船であふれかえった。

世界中のC－130

作戦の基本構想が決定され、イランへの侵入および離脱にC－

マシーラ島からの離陸直前に機体の前でポーズを取るEC-130およびMC-130の搭乗員たち。写真のドラゴン2は、他の機体と同様に、国籍、飛行隊名、機体番号、および安全標識がすべて塗りつぶされている。搭乗員たちは、通常の飛行服と航空搭乗員用サバイバル・ベストを着用している。（DoD）

１３０を使用することになると、世界各国に展開していたＣ－１３０飛行隊に対し、作戦準備命令が秘密裏に伝えられた。対象となった機種は、Ｃ－１３０の派生機として１９６６年に就役したＭＣ－１３０Ｅコンバット・タロンであった。たとえどのような計画が選択されたとしても、この機体の持つ夜間作戦能力、戦闘強襲能力、戦闘状況下での空中・地上における燃料補給能力などが必要なのは明らかであった。沖縄の第1特殊作戦飛行隊（Special Operations Squadron, ＳＯＳ）、フロリダの第1特殊作戦航空団（Special Operations Wing, ＳＯＷ）、ヨーロッパの第7特殊作戦飛行隊など、世界各国に展開するコンバット・タロン部隊の搭乗員たちは、そのすべてがこの任務を遂行できる技能を有していた。

完全な暗闇の中、照明設備のない未舗装の着陸帯にＣ－１３０で着陸する戦術を検討したのは、空軍のロバート・ブレンチ大佐であった。ＮＶＧ（Night Vision Goggles, 暗視眼鏡）は、１９７９年のアメリカ空軍にとって、貴重な装備品であった。それを保有していたのは、第20特殊作戦飛行隊（Special Operations Squadron, ＳＯＳ）だけであり、その貸し出しには額面20万ドルの受渡証が必要とされていた。ブレンチ大佐は、Ｃ－１３０をＮＶＧで操縦するのは不可能だという意見を一蹴《いっしゅう》し、暗室を使ったＡＮ／ＰＶＳ－５型ＮＶＧの慣熟訓練を開始した（Kyle, 75–76）。

搭乗員たちは、完全な無灯火状態での着陸要領を速やかに検討し、11月26日にはコンバット・タロンを用いた最初のＮＶＧ飛行を行った。この種の飛行は、当時の飛行マニュアルには記載されていなかった。空軍内部には、このような検証が完了していない飛行の実施には飛行制限の特別免除などの書面での許可が必要だという意見もあった（Thigpen, 179）。ケネス・オリバー中佐は、着陸を成功させるため、機体のランディング・ライトに特殊な赤外線シートをかぶせ、肉眼には見えないNVG照明として用いることを考えついた（Thigpen, 188）。

ＡＣ－１３０Ｈスペクター・ガンシップは、イラン軍および群衆に対する制圧射撃を行う任務に割り当てられた。１９６８年に就役したこの機体には、7・62ｍｍミニガン、20ｍｍ機関砲および１０５ｍｍ榴弾砲が装備されており、目標地点の上空を旋回しながら地上の部隊や航空機を撃破したり、群衆を制圧したりすることが期待されていた。救出部隊にはベトナムでガンシップの支援を受けた経験のある者が多く含まれており、この機体の能力を熟知し射撃調整の要領を心得ていた。この作戦に用いられるＡＣ－１３０Ｈは、グアムから参戦し、イランに侵入する前に空中給油を受けることになった。

ヘリコプター

大使館強襲作戦に用いられるヘリコプターに選ばれたのは、ＲＨ－53Ｄシー・スタリオン掃海ヘリコプターであった。ホルムズ海峡では掃海作業が日常的に行われており、掃海ヘリのＲＨ－53Ｄであれば空母に搭載されていても違和感がなく、アメリカ海軍を常に監視しているソヴィエト艦船に怪しまれずに済んだ。この機体は尾部とローターが折り畳み可能であり、甲板の下に格納することができた。また、外部燃料タンクの搭載が可能であり、完全武装の特殊作戦部隊員および人質全員をテヘランから離脱させるために必要な搭載能力も有していた。

空母ニミッツに搭載され、デザート・タンに塗装されたRH-53D。この機種が選ばれた理由は、この写真からも明らかである。テール・ブームとメイン・ローターを折りたためるため甲板の下に格納することが可能で、ソビエトなどの非友好国の監視の目から逃れることができた。（DoD）

アメリカの艦船の周りには、常にソビエトのスパイ船が存在していた。作戦保全を確保するためには、RH－53Dを甲板の下に隠す必要があった。写真は、GONZO（Gulf of Oman Naval Zone of Operations, オマーン湾海軍作戦海域）で作戦運用中の強襲揚陸艦「オキナワ」から撮影されたスパイ漁船。（Sergent James Bancroft, USMC）

海軍の第16機雷掃海飛行隊（HM－16）「シーホークス」が何の前触れもなくインド洋への展開を命ぜられたのは、カナダでのRH－53Dを使用した訓練を終えた直後のことだった。ヘリコプターと整備員は、それから36時間で空母「キティ・ホーク」に乗艦して空母「ニミッツ」（CVN－68）に向かい、それに乗り移ることになった。カイル大佐は、作戦上の要求から海軍のRH－53Dを使用するのはやむを得ないとしても、操縦士には空軍のヘリコプター・パイロットを使うことを望んだ。砂漠での飛行、戦術、NVGなどについての経験が豊富だったからである。しかし、その要望は、作戦保全上の理由から却下されてしまった（Kyle, 59）。

情報収集

事件発生以来、人質犯の行動および人質が拘束されている場所に関する情報の収集には常に困難が伴った。大使館に配備されている警戒・監視要員の勢力および配置、イラン軍の即応態勢などについて、正確な情報は何一つ得られていなかった。人質がどこに拘束されているのかという質問に正確に答えられる者は誰もいなかった。事件当日に大使館を訪れていた外国の外交官たちからの情報によれば、人質は敷地内の6つの異なる建物に拘束されていると推測されたが、それも不確かだった。外務省で拘束された人質のいる場所についても、確実な情報はなかった。

さらなる情報を入手するため、潜入要員をイランに侵入させ、目標付近からの偵察を行わせることになった。CIA（Central Intelligence Agency, 中央情報局）は、すでにテヘラン市内に6名の諜報員を潜入させて作戦を支援していた。しかしヴォート少将は、自分の部下たちによってそれらの情報を補強する必要があると考えた。計画立案者たちは、軍の記録を精査し、ペルシア語が堪能でイランについての知識が豊富な隊員を探し出した。潜入要員に選定された隊員の中の一人が、イラン系アメリカ人の陸軍特殊部隊兵士であるチャンジズ・ラヒジであった。イランに潜入したラヒジには、現地の状況について可能な限りの情報を収集し、救出部隊を誘導し、大使館まで案内する任務が与えられた。また、人質たちを空輸するヘリコプターがサッカー・スタジアムや大使館に着陸できなかった場合に備えて、1台のバスを調達するように命ぜられた。入手できた情報資料は、ドイツの連絡員に手渡されるか、ドイツ大使館に郵送されることになっていた。十分な訓練を受け高いプロ意識を有していたラヒジであったが、不安を抱かずにはいられなかった。彼がいた革命後のテヘラン中心部では、政府や国民が毎日のようにアメリカへの憎悪を口にしていたからである。彼は家族や親戚、友人などへも電話をかけないようにした（Lahidji, 20）。

潜入したもう一人の隊員は、イラン出身の空軍アビオニクス専門下士官フレッド・アルージであった。アルージが初めてベックウィズ大佐に会うことができたのは、訓練が始まってから数ヵ月が過ぎた日のことだった。その頃のアルージは、目標練度に達していないことを叱責されるような隊員だった。しかし、ひとたびイランに派遣されると、作戦目標に関する重要な情報を収集し、救出隊が使用する倉庫や車両を確保するなど、救出部隊がテヘランに侵入するための準備に大きく貢献した。

イランに向かったもう一人の隊員は、創設当初からデルタと緊密に協力していた退役特殊部隊員のリチャード・メドウズであった。メドウズが作戦部隊の一員としてイランに侵入することを志願した時、ＣＩＡはそれに賛同しなかった。メドウズは秘密工作員としての訓練を受けていなかったからである。彼が経験していたのは、戦術的な軍事作戦だけだった。しかし、その知識はデルタの工作員として必要なものを網羅していた。作戦計画立案者に浴びせかけられる無数の質問に答えられるのは、実戦を経験した隊員だけなのである。最終的にメドウズへの支援を承諾したＣＩＡは、彼をいくつかの基本的な訓練に参加させたうえで、アイルランドのパスポートを発行し、ある鉱業会社のセールスマンとしてテヘランに送り込んだ。メドウズは、無事にテヘランに侵入し、必要な情報の収集・報告、合流地点への通信機器の配置などの任務を遂行した（Hoe, 154–58）。

３人の人質が拘束されていた外務省庁舎の偵察には、イランでの活動を終えた後にベルリンに拠点を移していた特殊部隊分遣隊Ａの一部が派遣された。ドイツのビジネスマンを装った隊員たちは、テヘランに潜入すると外務省庁舎の周辺で情報収集を開始した。隊員たちの中には、庁舎内部に潜入したり大使館にいる学生たちと一緒に写真を撮影したりすることに成功した者もいた（Stejskal）。

４月末時点でのアメリカ諜報機関の情報見積には、人質の監視要員は、その60パーセントが学生、10パーセントがファタハの訓練を受けた過激派、15パーセントがイスラム革命防衛隊の民兵、残りの５パーセントがＰＬＯ（パレスチナ解放機構）のアドバイザーで構成されていると記載されていた。

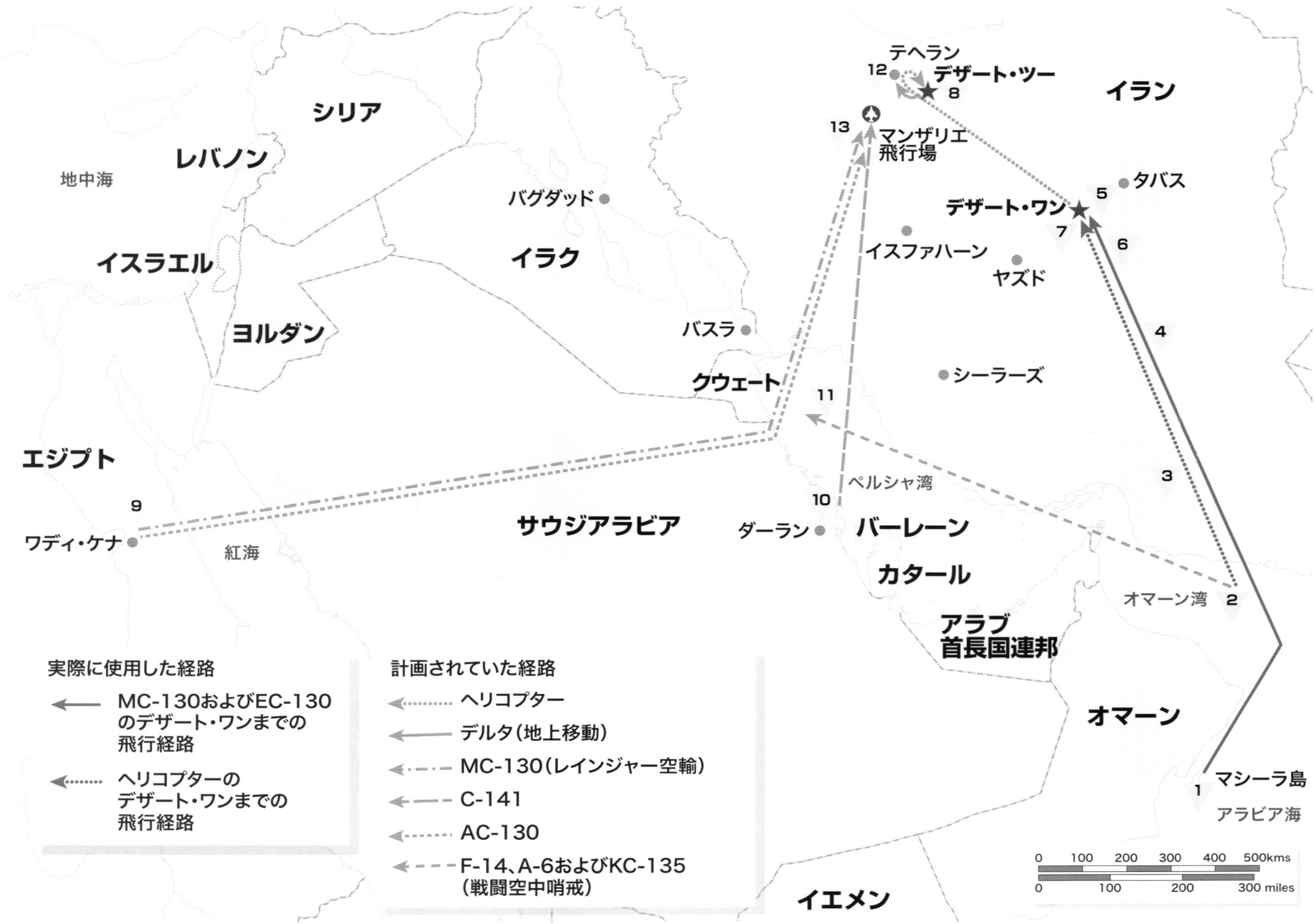

テヘラン
12
デザート・ツー
8
イラン
シリア
13
マンザリエ
飛行場
レバノン
地中海
タバス
5
バグダッド
デザート・ワン
7
6
イスラエル
イラク
イスファハーン
ヤズド
ヨルダン
バスラ
4
シーラーズ
クウェート
11
エジプト
3
ペルシャ湾
9
10
サウジアラビア
ダーラン
バーレーン
ワディ・ケナ
紅海
カタール
オマーン湾
2
アラブ
首長国連邦
実際に使用した経路
MC-130およびEC-130
のデザート・ワンまでの
飛行経路
ヘリコプターの
デザート・ワンまでの
飛行経路
計画されていた経路
ヘリコプター
デルタ(地上移動)
MC-130(レインジャー空輸)
C-141
AC-130
F-14、A-6およびKC-135
(戦闘空中哨戒)
オマーン
マシーラ島
1
アラビア海
0 100 200 300 400 500kms
0 100 200 300 miles
イエメン

実際に行われた行動

1．最初のMC－130Eがマシーラ島から離陸し、その後、それ以外のMC－130EおよびEC－130が離陸。

2．イラン沿岸から60マイル(約97キロメートル)沖の艦船から、ヘリコプター（ブルービアード1から8）が発艦。

3．ブルービアード6のBIM警報灯が点灯し、予防着陸。搭乗員はブルービアード8に乗り換えて前進を継続。

4．ヘリコプターが最初のハブーブ（砂嵐）に遭遇。すべてのヘリコプターが通過できたが、搭乗員たちに動揺が拡大。

5．C－130がデザート・ワン（北緯33度04分23秒、東経55度53分33秒）に着陸。

6．より強い勢力の2番目のハブーブに遭遇し、ヘリコプター編隊が分散。ブルービアード5がニミッツへの帰投を決心。

7．残りのヘリコプターがデザート・ワンに着陸。ブルービアード2を飛行不能と判断。作戦は中止となったが、撤退行動中にブルービアード3がEC－130Eリパブリック4に衝突し、8名が死亡。残りの1機のMC－130Eおよび2機のEC－130Eがデザート・ワンを離陸し、マシーラ島に帰投。

計画されていた行動

8．ヘリコプターは、デザート・ワンで燃料補給および人員・装備の搭載を完了。テヘランの近郊まで飛行し、デルタのリチャード・メドウズと合流した後、デザート・ツー（北緯35度14分00秒、東経52度15分00秒）まで飛行し、夕刻まで隠蔽して待機。デルタは、徒歩で近くの潜伏先まで移動。

9．第2夜の間にレインジャーが搭乗したMC－130がワディ・ケナを離陸し、マンザリエ飛行場を占拠。AC－130ガンシップもワディ・ケナから離陸し、火力支援を実施。

10．同じく第2夜の間に2機のC－141Bがサウジアラビアのダーランを離陸、マンザリエ飛行場まで飛行し、ワディ・ケナから到着したレインジャーが飛行場を占拠したならば直ちに着陸。

11．空対空戦闘用の2機のF－14および近接航空支援用の2機のA－6がニミッツを発艦、KC－135空中給油機と合流し、ペルシャ湾北部（おおむね北緯29度0分、東経49度0分）に前進。KC－135は、戦闘機を満タン状態に維持。F－14はKC－135を防護しつつ、すべての高脅威機を迎撃。A－6は、必要に応じ近接航空支援を実施できる態勢を維持。予備機をもって、アメリカ軍がイランから離脱するまでの間、戦闘空中哨戒を継続。

12．テヘラン郊外にデルタが確保した倉庫から出発したトラックが、デルタを隠れ家からピックアップ。デルタは、トラックの荷台に設けられた隔壁の内側に身を隠しながら、市内に進入。ヘリコプターは、デルタが大使館への強襲作戦を開始する前にデザート・ツーを離陸し、大使館北側の空域に前進。最初の爆破を合図に降着地域に進入。

13．デルタが人質を救出し、ヘリコプターに搭乗。ヘリコプターは、テヘランからマンザリエへ向かって飛行。そこで待機しているC－141Bが人質たちを搭乗させ、イランから脱出して、ダーランに帰投。

イーグル・クロー作戦のためにイラン沖に停泊する空母「コーラル・シー」。救出作戦がイランにより妨害された場合には、空母ニミッツとともに艦載機による上空援護を行うことになっていた。空母コーラル・シーが人質事件に対応するために海上で待機した期間は、102日間に達した。空母ニミッツも同様に144日間を海上で待機した。ニミッツがようやく母港に戻ったのは、1980年5月26日のことであった。（DoD）

計画および予行

11月下旬には、作戦構想がおおむねできあがった。作戦は、２夜に渡って行われる必要があった。ＭＣ－１３０Ｅコンバット・タロンおよびＫＣ－１３５がワディ・ケナから離陸し、紅海を南東に飛行し、サウジアラビアを迂回してイランに侵入する。アラビア海のアメリカ艦隊から北に向かって飛行するヘリコプターがテヘランにたどり着くためには、これらの輸送機が５００ガロン（約１，８９３リットル）のブラダー・タンクを投下するか、または着陸して燃料補給を行うことが必要だった。ヘリコプターに燃料を補給するために既存の飛行場を占領するという案も検討された。また、空母ニミッツから発艦するヘリコプターにデルタを搭乗させ、イランに潜入する案もあったが、あまり多くの賛同を得られなかった。多数のデルタ・オペレーターが空母ニミッツに乗艦するのは人目に付きやすかったし、ベックウィズ大佐の部下たちはヘリコプターによる長距離飛行に十分な信頼を寄せていなかったからである。既存の飛行場での給油という選択肢もバックアップ・プランとして残されたものの、イラン国内のどこかにブラダー・タンクを空中投下するか、給油用合流地点を設定するという行動方針が採用される公算が高まっていた（Kyle, 125）。作戦が成功するかどうかは、訓練のいかんにかかっていた。

最終的にどのような計画が採用されることになろうとも、ヘリコプターとの合流および給油は、この救出作戦で最も複雑な部分になると考えられた。11月28日、十分に検討された作戦計画に基づき、具体的な目標および細部手順を示した作戦命令が発簡された。イランへのデルタの輸送が作戦成功の鍵であると感じていたベックウィズ大佐は、11月29日、ヴォート少将に「(ヘリコプターなどによる)戦闘支援は、地上作戦計画の一部ではなく、それを支援するものとして(別項目に)記述されるべきである」という意見書を送付した(Lenahan, 54)。

クリスマスまでに、2つの重要な決定が行われた。まず、イランから人質を脱出させるために占拠される飛行場は、テヘランの南50マイル(約80キロメートル)に位置するマンザリエ飛行場に決まった。その飛行場の滑走路は､長さ2マイル(約3・2キロメートル)、幅140フィート(約43メートル)であり、C－141Bの着陸だけではなく、複数のヘリコプター、MC－130およびC－141Bの駐機にも十分な地積を有していた。AC－130Hは、援護射撃を準備しつつ、上空を旋回することになっていた。また、中継基地については、ディエゴ・ガルシア島およびグアム島が候補から外され、エジプトのワディ・ケナが選ばれた。

冬から春にかけての予行

12月になり、部隊区分ごとの訓練の成果に十分な自信を得たヴォート少将は、翌年4月までの間に、アリゾナ州、カリフォルニア州および南西地域の人里離れた砂漠への部隊投入訓練を7回にわたって実施した。大使館のモックアップを使った強襲訓練を何十回も繰り返したデルタは、より大規模な統合演習の実施を熱望するようになった(Lenahan, 105)。保全上の問題から、作戦全体の流れを完全な形で予行することはできなかったが、作戦の鍵となる重要な技能を修得できた。戦術や装備の洗練を図る過程を通じて、数多くの教訓が得られた。特に難しかったのはブラダー・タンクの空中投下で、最初の試行ではタンクがパラシュートによる投下の衝撃に耐えられず、10個のうち7個が地面に激突して破損してしまった。地面には、タンクから飛び散った燃料がくぼみの中に残っただけだった。次の試行では、タンクは壊れずに残ったものの接地点が広範囲に散らばりすぎてしまった。機内に搭載したタンクから給油を行う要領にも問題があった。器材の取り扱いが難しかったり、給油ホースの長さが不足したりした。問題が生じたのはブラダー・タンクだけではなかった。空港を占拠するレインジャーを搭乗させた輸送機は､不適切な順序で着陸してしまった｡輸送機の搭乗員たちは、これまで扱ったことのない新しい器材の取り扱い要領や、教育されたことのない技能の修得に苦労していた。合流地点における手信号や管制方法が確立されていなかったことも混乱を生じさせた。ヘリコプターは、天候のために遅れたり、墜落したり、不時着したりすることが少なくなく、航法系統や機械系統に不具合が頻発した。予行の実施は、戦術の改善や計画の修正に関し、予想したとおりの効果をもたらしていた。その一方で、棚上げにしたまま放置された問題もあった。例えば、ヘリコプターのローター・ブレードに故障が発生したことを知らせるBIM(Blade Inspection Method, ブレード使用不可状態指示器)が2回も作動していた。しかし、イラン国内でそれが発生した場合の対応要領が計画されることはなかった(Kyle, 190)。

ヘリコプター・パイロット

これらの訓練を通じて、指揮官たちはパイロットについて同じ結論に至っていた。それは海軍のパイロットは他の軍種のパイロットと交代させなければならないということだった。海軍のパイロットは、戦闘状況下で特殊作戦任務を遂行したり、そのための訓練を受けたりした経験がなかった。中でも、過去に例を見ない果敢な飛行を期待していたベックウィズ大佐は、パイロット交代の必要性を強く主張した。大佐は当初の段階から、海軍のパイロットはこの任務の遂行に必要な基準を満たしていないと感じていた。通常のホテルに宿泊し、自由に自宅に電話をかけるなど、任務に対する真剣さを欠いた行動が見られたからである。海軍のパイロットたち自身も、自分たちが作戦上の要求に適応できておらず、いつものペースが乱されることに不安を感じていた。デルタの心理専門官も、このことを問題視していた（Beckwith, 208）。

ベックウィズ大佐の部下たちは、ヘリコプターでイランに侵入することに拒絶反応を示していた。パイロットたちが低空飛行訓練を行う間ただじっとして搭乗しているだけの訓練も、隊員たちの不安を大きくしただけだった。デルタ・オペレーターたちには、海軍パイロットたちが精鋭部隊の隊員に必要な態度、士気および精神を備えているように思えなかった。任務遂行に全力を注いでいるようにも見えなかった。通常の任務では優秀なパイロットだったかもしれないが、このような特殊任務に対する精神的な準備ができていなかったのである（Fitch）。

12月8日、ベックウィズ大佐はヴォート少将に海軍パイロットへの不満を包み隠さず述べた書簡を送った。「イランへのデルタの侵入・離脱を担うヘリコプターの搭乗員については、その選定基準が甘すぎたようです。（演習において）彼らの夜間飛行能力には全く向上が見られませんでした。ヘリが墜落して隊員たちが死なずに済んだのは、単に運が良かったに過ぎません」（Lenahan, 66）。

ベックウィズ大佐の懸念を理解したヴォート少将は、統合参謀本部議長のジョーンズ大将にこの件を伝えた。その結果、海兵隊からパイロットを差し出させることになった。チャック・ピットマン海兵隊大佐は、過酷な訓練で鍛え抜かれたパイロットを選び出した。7名の海軍の機長のうち6名が海兵隊のパイロットと交代した。その結果、機長と副操縦士は、12名が海兵隊、３名が海軍そして１名が空軍のパイロットで構成されることになった。搭乗員が複数の軍種で構成されるのは望ましいことではなかったが、いずれの軍種もＲＨ－53Ｄと同じような機種を装備していたため、問題はないと考えられた。

カイル大佐は新しいパイロットの構成に反対した。空軍のＨ－53飛行隊から、さらに5名のパイロットを投入すべきだと考えていた。空軍のパイロットは、ベトナムでの実戦で低空飛行や砂塵環境下での飛行を経験していた。カイル大佐は、空軍のパイロットを増員しなかったことを後悔することにならなければ良いとさえも口にした。ベックウィズ大佐も、このパイロットの構成はアメリカ軍のすべての軍種を作戦に参加させようとしているように見えると述べた。しかし、ジョーンズ大将は海兵隊からヘリコプターの任務を奪いたくなかった（Kyle, 120–122）。

1月、救出部隊が砂漠で訓練を行っている間に空母ニミッツがインド洋に到着し、空母キティ・ホークと交代した。１９７９年11月28日から空母キティ・ホークに搭載されていた6機のＲＨ－53Ｄは空母ニミッツに載せ替えられ、インド洋に向かう途中で搭載されていた2機のRH-53Dに加えられた。これらのヘリコプターとその搭乗員を支援する作戦は、「イブニング・ライト作戦」と名付けられた。

過去2ヵ月半のヘリコプターの飛行時間は、各機5、6時間にすぎなかった。その理由は、部品の不足にあった。補給系統の末端に位置する空母まで補給品などを届けるには、長期間を要したからである。7号機と8号機にいたっては、空母に着艦してから一度も飛行できておらず、他の機体を飛ばすため部品を共食いされる状態であった。その一方で、作戦保全については極めて良好な状態に保たれていた。空母ニミッツの乗員たちは、これらのヘリコプターは掃海作戦のために搭載されている、という偽りの説明を信じ切っていた。保全上の問題が国防総省に伝わった場合は、あらためて空母ニミッツの艦長にすべての状況を説明し、直ちに是正措置を取らせることになっていた（Kyle, 138）。

お互いの幸運を祈りつつ、エンジン始動を準備するヘリコプターの搭乗員たち。それまでとは違う機種のヘリコプターの操縦をわずか数ヵ月の訓練で修得しなければならなかったものの、作戦の成功を確信していた。気象ブリーフィングにおいてハブーブ（砂嵐）の可能性が高いという情報が提供されることはなかった。このため、速度および搭載性能を向上させるためにエンジン空気・砂塵分離装置（Engine Air Particle Separator）を取り外したことを心配する者もいなかった。4月24日14時45分（国際標準時）（DoD）

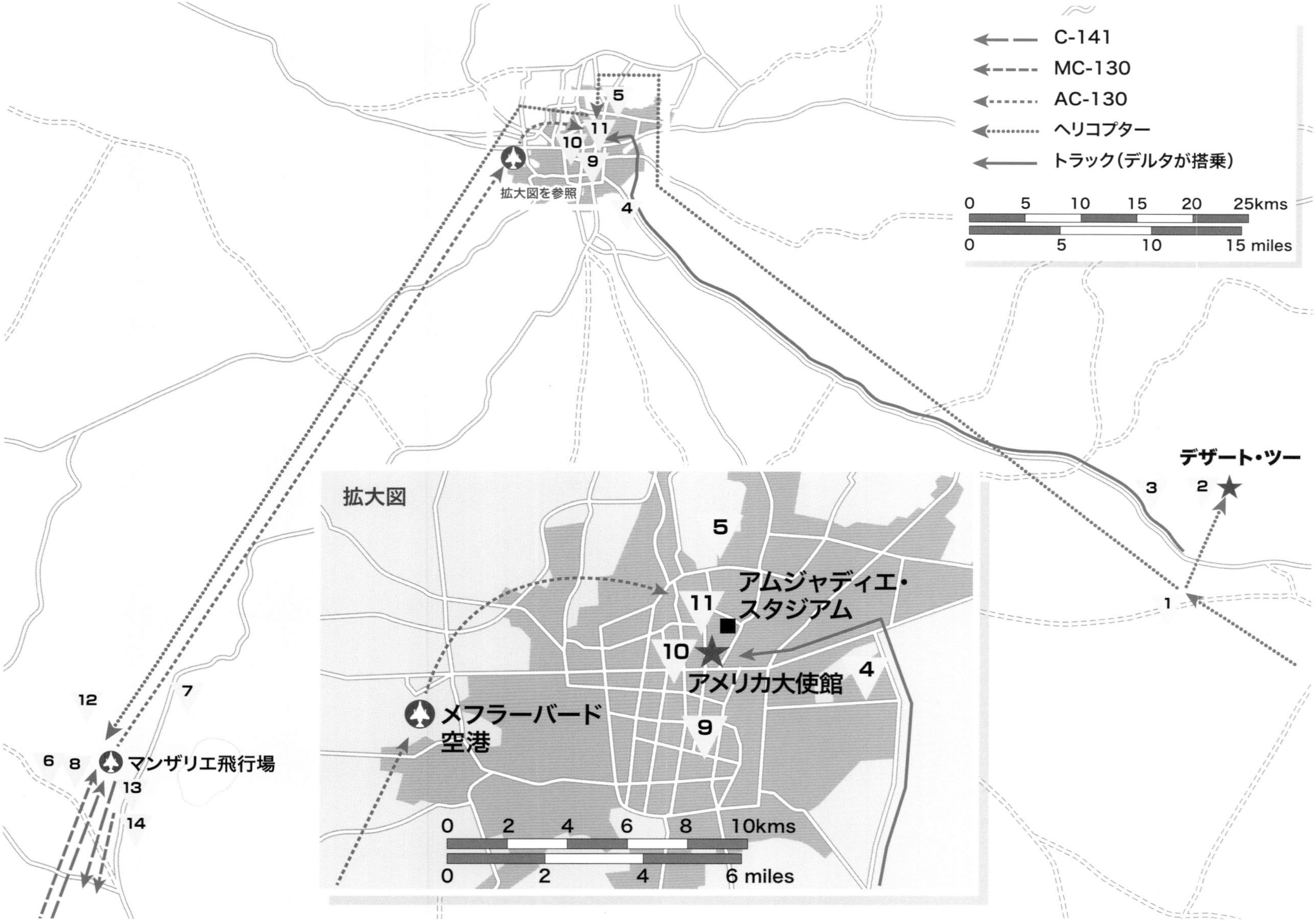
C-141
MC-130
AC-130
ヘリコプター
トラック（デルタが搭乗）
0 5 10 15 20 25kms
0 5 10 15 miles
拡大図を参照
デザート・ツー
マンザリエ飛行場
拡大図
メフラーバード
空港
アムジャディエ・
スタジアム
アメリカ大使館
0 2 4 6 8 10kms
0 2 4 6 miles

計画されていた行動

1. RH－53D がテヘランから 60 マイル（約 97 キロメートル）の丘陵地帯にある一般人の進入が困難な渓谷に着陸し、リチャード・メドウズと合流。デルタが降機。
2. ヘリコプターが近傍のデザート・ツーまで飛行し、隠蔽して日没まで待機。
3. デルタの車両操縦手および通訳要員が地上からテヘランに侵入し、強襲に用いる 6 台のメルセデス・トラックを掌握。
4. 残りのデルタ・オペレーターがトラックに乗車し、倉庫まで移動。ベックウィズ大佐が大使館周辺の最終偵察を実施。
5. ヘリコプターが離陸し、2 機編隊で大使館北の待機空域まで移動、強襲作戦の開始まで待機。
6. レインジャーが MC－130 でマンザリエ飛行場に降着し、飛行場を占拠。
7. AC－130 が、支援空域への配備を完了。マンザリエおよび大使館上空への火力支援およびメフラーバード空港からのイラン軍機の離陸阻止を準備。さらにもう 1 機の AC－130 が予備として待機。
8. 2 機の C－141 がマンザリエに着陸し、救出された人質および救出部隊の到着まで待機。そのうちの 1 機は、医療機器を搭載。
9. 特殊作戦部隊のうちの 1 チームがマイクロバスで外務省に移動し、3 人の人質を救出。
10. デルタが大使館敷地を強襲し、建物に突入、警戒要員を殺害し、人質を救出。
11. ヘリコプターが主降着地域（アムジャディエ・スタジアム）に進入し、デルタ・オペレーターと合流。また、外務省に隣接した公園に進入し、特殊作戦部隊と合流。
12. 解放された人質およびすべての隊員がマンザリエでヘリコプターから降機。飛行可能状態にある最初の 2 機のヘリコプターは、MC－130 によって運ばれたブラダー・タンクから給油を受けた後、テヘランまで半分ほどの所まで戻り、必要に応じて捜索救難任務などの追加支援を実施。
13. 解放された人質、デルタおよび負傷者が C－141 に搭乗。2 機の C－141 は、搭載を完了したならば直ちにダーランに向けて離陸。KC－135 空中給油機が支援空域で待機。
14. MC－130 がレインジャーを搭乗させて離陸。AC－130 が支援空域から離脱。

デザート・ワンの偵察

計画が具体化するにつれて問題になったのは、ヘリコプターへの燃料補給をイラン国内のどこで行うのかということであった。ＤＩＡ（Defense Intelligence Agency, 国防情報局）は、カヴィール砂漠周辺地域の膨大な写真などの資料を精査し、ヘリコプターおよび輸送機の航続距離に適合する着陸適地を探した。その場所は、すべての機体が離着陸できるように平坦かつ十分な地積を有していなければならなかった。また、機体が擱《かく》座することがないように、地盤が硬固でなければならなかった。さらに、燃料補給の実施を察知されないように、市街地から十分に隔離されていなければならなかった。

「デザート・ワン」と名付けられた合流・給油地点の場所として早い段階から候補に上がっていたのが、イランの南海岸から６１０マイル（約９８２キロメートル）内陸に入ったカヴィール砂漠にある北緯33度04分23秒、東経55度53分33秒の場所であった。この場所の唯一の欠点は、その中央を道路が通り抜けていることであった。その道路はほとんど使われていなかったが、１１４マイル（約１８３キロメートル）西のヤズドと68マイル（約１０９キロメートル）東のタバスを結んでいた。

この場所が適地であることを現地で確認し、航法援助施設を設置して、航空機がイラン当局から発見されずに侵入できるかどうかを実際に試してみる必要があった。３月30日、ＣＩＡはデザート・ワンについて可能な限りの情報を収集するための大胆な作戦を実行した。ベトナムで片脚を失ったポール・Ｂ・ライアンおよび空軍戦闘管制官のジョン・カーニー少佐の２名のＣＩＡパイロットは、地質

最終確認を受ける救出作戦用の装備品の数々。はしごは、大使館を強襲する際に重要な役割を果たすことになっていた。デルタには、大使館の塀を隠密かつ迅速によじ登り、敷地内に侵入・展開することが求められていた。敷地内への展開を完了したならば、大使館本館の塀を爆破して突入口を開け、作戦開始を合図する。人質はそこから外に連れ出され、ルーズベルト通りを渡って隣接するサッカー・スタジアムへ誘導されて、陸上で待機している RH-53D によって救出される。写真に写っている MP5 短機関銃は、特殊部隊分遣隊 A が外務省を強襲して３人の人質を救出する際に使用するものである。（DoD）

調査を装いながら、デ・ハビランドDH－6ツインオッターでオマーンからデザート・ワン候補地までの4時間の飛行を行った。地上200フィート（約61メートル）以下でほふく飛行を行うその機体には、作戦を実行する隊員たちに加えて、ブラダー・タンク、折り畳み式のオートバイなどの装備が満載されていた。また、問題が発生した場合に備えて、数千ドル分の南アフリカのクルーガーランド金貨も搭載されていた（Carney, 81）。

隊員たちの一部が孤立したり、ツインオッターに不具合が発生して地上に取り残されたりした場合には、フルトン回収システムを装備した2機のMC－130Eが救出に向かうことになっていた。このシステムを使うには、まず、細いケーブルで隊員に気球をつなぐ。気球を空に上げると、機首に開いたはさみのような形をしたフックを付けたMC－130Eが進入し、そのケーブルを引っ掛けた後、隊員を後部のランプ・ドアから巻き上げるのである。過去に実証済みの人員回収手段であったが、それに命を預けたいと思う者は誰もいなかった（Carney, 76）。

偵察チームは、着陸すると直ちに徒歩およびオートバイで散開し、TACANS（Tactical Air Navigation System, 戦術航法システム）および5台の航空機誘導用遠隔操作ストロボライトの設置などの作業に取り掛かった。その作業に使える時間は1時間しかなかった。カーニー少佐は後に、それは人生で最も短い1時間だった、と語っている。リーバイスのジーンズ、黒シャツおよび黒帽子を着用したカーニー少佐は、着陸地点から作業のための移動を開始した。装備していた武器は、サイレンサー付きのH&K MP5SD 9mmオートマチック拳銃だけであり、これは人里離れた砂漠でイラン人に出会くわし、道に迷った地質学者という言い訳を疑われた場合に頼りになる装備とは思えなかった（Carney, 77）。隊員たちは土壌サンプルを採取し、自然障害がないことを確認し、赤外線ビーコンを埋設した。この器材は、CIAの技術サービス・オフィス（Office of Technical Services）の支援を受けて開発されたものであった。4個のビーコンが90フィート（約27メートル）×300フィート（約91メートル）の四角形になるように設置され、もう1個が降着地域の末端を示すために3,000フィート（約914メートル）離れたところに設置された。輸送機は、その四角形の中に接地し、その先の降着地域末端までの間で停止することになる。

この秘密作戦で行った作業がイラン人たちに気づかれたかどうかを確認するため、アメリカの諜報機関による監視が数日間にわたって続けられた。また、土壌サンプルを用いた試験が行われ、この地域の地面は輸送機やヘリコプターの着陸に必要な地耐力を有していることが確認された。

天候

救出作戦の計画が煮詰まってくるに従って関心が高まったのは、イランの気象であった。気候学者であり、衛星気象学の専門家であるドナルド・「ストーニー」・ブキャナン大尉は、ネブラスカ州のウファット空軍基地で、ある分遣隊の長に抜擢された。この8名の隊員で編成された小部隊は、想定される運用地域の気象および環境調査を任務としていた。この分野での経験が豊富な専門家たちで構成されていたが、特殊作戦の経験を持つ者はいなかった。にもかかわらず、被支援部隊である任務部隊から特殊作戦要員が派遣されることはなかった。

ブキャナン大尉たちが直ちに把握したのは、ハブーブという事象であった。それは、砂漠において、どこからともなく発生する巨大な砂嵐のことである。高度10，000フィート（約3，048メートル）にまで達する塵雲は、あらゆる器材に不具合をもたらし、視程をゼロにする恐れがあった。

ブキャナン大尉は、ハブーブが強襲部隊におよぼす影響やそれへの対処要領について説明する機会を与えてもらえるように何度も要望したが、聞き入れられなかった。その代わりに、その情報は作戦命令に記載されることになった。4月17日、ブキャナン大尉が率いる小さなチームは、強襲作戦に必要な気象情報を提供するため、気象観測車とともにエジプトのワディ・ケナに到着した。強襲作戦までの数日間の天候は、全般に晴天であると報告するとともに、ハブーブの発生を予測することは困難であることを改めて警告した(Benson)。

作戦計画参謀長のエドワード・「シャイ」・マイヤー大将も、計画の立案やブリーフィングにおいて、天候の問題が取り上げられていないことに疑問を感じていた。天候が悪化した場合の対処法についての議論はなく、計画立案者や指揮官たちが気象や環境に十分な注意を払っているようには思えなかった（Kitfield, 222)。

最終準備

4月4日、アメリカ政府内では大統領府に対し、何らかの軍事行動を求める声が高まっていた。「タカが飛んでいる」、政府内からだけではなく、過去にイランで勤務した外交官たちからさえも強い圧力を感じるようになったイラン担当大統領府補佐官のゲイリー・シックは、そう言いながら嘆いた。国務長官サイラス・ヴァンスは、人質をイランから生還させるためには軍事作戦を行うのが最善であるという主張に反対し続けた(Sick, 280–281)。4月7日、カーター大統領は国務省の反対を押し切り、イランとの外交関係の断絶、イラン外交官の追放、ならびに食品および医薬品を除いたイランへの輸出禁止に踏み切った。また、フランスのジスカール・デスタン大統領に対し、「近い将来に、軍事行動を含む、より強力な措置を講じざるを得ない」と注意を促した（Carter, 506)。5ヵ月間に及んだ交渉が決裂すると、軍事作戦による救出の実行が次第に現実味を増してきた（Carter, 414)。

4月、作戦部隊がアメリカ南西部での演習を終了すると、作戦地域への部隊の展開が開始された。航空機や人員が、エジプトのワディ・ケナ、オマーンのマシーラ島、サウジアラビアのダーランおよび空母ニミッツへと可能な限り隠密に移動し始めた。世界の各地で、作戦に使用する航空機が偽の飛行計画に基づく行動を開始した。例えば、ある航空機はフィリピンを目的地として示しながら中東に向かった。その航空機に関する情報は、指揮所の運航ボードからいつの間にか消し去られた。大規模な演習から突然姿を消した航空機もあった。4月17日、RH‐53Dの搭乗員を乗せた1機のC‐141Bがメリーランド州のアンドルーズ空軍基地から離陸し、空母ニミッツが待つ作戦海域へと向かった。

4月11日、カーター大統領は主要閣僚を再び参集した。そのほぼ全員が、外交的解決はもはや不可能であり軍事力を行使する以外に選択肢がないということに同意した。大統領の関心は、作戦が成功する確率および死傷者が発生するリスクにあった。それに対する説明は、デザート・ワンの段階を通過できれば、人質や救出部隊に6～8名の犠牲が生じるかもしれないが作戦は成功するだろうという極めて楽観的なものであった。

4月16日、国防総省の国家軍事指揮センターにおいて、アメリカ軍統合参謀本部による作戦ブリーフィングが行われた。デルタの創隊を支援し続けてきたマイヤー大将は、作戦が「楽勝」で終わるという見通しに疑いの目を向けていた。作戦部隊が数多くの部隊で混成されていたにもかかわらず、完全な形での予行が一度も行われていなかったからである。マイヤー大将が特に懸念を抱いていたのは、指揮系統が複雑で、作戦の各段階における指揮官が不明確なことであった。海兵隊のヘリコプター・パイロットの参加にも疑念があった。海兵隊は、自分たちが作戦に参加したという実績を残すだけのために、それを押し通したのではないかと疑っていた。(Kitfield, 221–222)。

4月16日の夜、カーター大統領は、ホワイトハウスのシチュエーション・ルームでジョーンズ大将とベックウィズ大佐が行う最終ブリーフィングを聞いた。大統領は、その説明に熱心に耳を傾け、大統領府がこの作戦に関する方針を変更することはないと明言した(Beckwith, 19–21)。そして、集まっていた全員に向かって告げた。人質救出作戦は、すべての準備が整い、今、まさに実行すべき時を迎えている、「できれば避けたいことではあったが、もはや他に為すすべはない。作戦を実行する。」(Zimmerman, 118)。

決行日は、4月24日に決定した。

計画
THE PLAN

4月24日夕（作戦第1夜）、救出部隊とその装備品を搭載した3機のMC－130Eタロン（コールサイン：ドラゴン1から3）およびそれぞれ2個の3，000ガロン（約11キロリットル）のブラダー・タンクを搭載した3機のEC－130E（コールサイン：リパブリック4から6）が、オマーン沖のマシーラ島にある空軍基地からイランに向かって離陸する。まず、1機のMC－130Eが、デザート・ワンをあらかじめ確保するため、他の2機よりも1時間早く離陸する。残りのMC－130Eが離陸した後、合計18，000ガロン（約68キロリットル）のヘリコプター用燃料を搭載したEC－130Eが離陸する。

同時に、8機のRH－53D（コールサイン：ブルービアード1から8）が、イラン沿岸から南50マイル（約80キロメートル）沖の空母ニミッツから発艦する。計画立案者たちは、少なくとも1機のヘリコプターが故障のため発艦できないだろうと予想していた。

デザート・ワンでは、1機目のMC－130Eから、デルタの第1波およびレインジャーの道路監視チームが降機する。レインジャーは、車両の侵入を阻止するためヤズドとタバスを結ぶ道路に沿って展開する。空軍の地上誘導員は、降着地域の受け入れ態勢を整え、進入する他の輸送機やヘリコプターの誘導を行う。

残りの救出部隊を乗せた2機目と3機目のMC－130Eは、約1時間後に着陸する。EC－130Eは、MC－130Eの約6分後に着陸し、後から進入する8機のヘリコプターに燃料補給を行う態勢を整える。最初の2機のMC－130Eは、救出部隊およびその装備品を卸下《しゃか》したならば離陸し、マシーラ島に帰投する。マシーラ島に到着した搭乗員の一部は、C－141に乗り込んでワディ・

鳥影社出版案内

2023

イラスト／奥村かよこ

choeisha

文藝・学術出版 鳥影社

〒160-0023 東京都新宿区西新宿 3-5-12 トーカン新宿 7F

TEL 03-5948-6470 FAX 0120-586-771（東京営業所）

〒392-0012 長野県諏訪市四賀 229-1（本社・編集室）

TEL 0266-53-2903 FAX 0266-58-6771 郵便振替 00190-6-88230

ホームページ www.choeisha.com メール order@choeisha.com

お求めはお近くの書店または弊社（03-5948-6470）へ

弊社へのご注文は 1000 円以上で送料無料です

＊新刊・話題作

紅色のあじさい 津村節子 自選作品集

（読売新聞で紹介）
津村節子

「季刊文科」に掲載されたエッセイを中心に、大河内昭爾との対談、自身の半生を語った中沢けいとの対談なども収録。 1980円

笙野頼子発禁小説集

（東京新聞、週刊新潮、婦人画報等で紹介）（2刷）
笙野頼子

多くの校閲を経て現行法遵守の下で書かれた難病、貧乏、裁判、糾弾の身辺報告。文芸誌掲載作を中心に再構築。 2200円

感動する、を考える

相良敦子

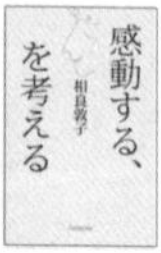

NHK朝ドラ（ウェルかめ）の脚本家による斬新な「感動」論。若松節朗監督、東大名誉教授竹内整一氏推薦。 1540円

グリム ドイツ伝説集〈新訳版〉

鍛治哲郎／桜沢正勝 訳

グリム兄弟の壮大なる企て。民族と歴史の襞に分け入る試行、完全新訳による585篇と関連地図を収録。 5940円

Y字橋

（日経新聞・東京・中日新聞、週刊新潮等で紹介）
佐藤洋二郎

各文芸誌に掲載された6作品を収録した至極の作品集。これこそが大人の小説。小説家・藤沢周氏推薦。 1760円

古代史サイエンス

DNAとAIから縄文人、邪馬台国、日本書紀、万世一系の謎に迫る
金澤正由樹

最新のゲノム、AI解析により古代史研究に革命が起こる！ ゲノム解析にAIを活用した著者の英語論文を巻末に収録。 1650円

オートバイ地球ひとり旅

アメリカ大陸編・ヨーロッパ編・アフリカ編（全七巻予定）
松尾清晴

19年をかけ140ヵ国、39万キロをたったひとりで冒険・走破した〝地球人ライダー〟の記録。関野吉晴さん推薦。 各1760円

親子の手帖〈増補版〉

（初版4刷、増補版2刷）
鳥羽和久

増補にあたり村井理子さんの解説と新項目を追加収録。全体の改訂も行った待望のリニューアル版。奥貫薫さん推薦。 1540円

マリーア・ズィビラ・メーリアン スリナム産昆虫変態図譜1726年版

岡田朝雄・奥本大三郎 訳 白石雄治・製作総指揮

A3判・上製 世界限定600部 3万5200円

愛知ふるさと素描

河村アキラ

『名古屋ふるさと素描』に、新たに40枚を追加。愛知県内各地に残されたニッポンの消えゆく庶民の原風景を描く。

1980円

純文学宣言 季刊文科25〜90

（61より各1650円）

〈編集委員〉伊藤氏貴、勝又浩、佐藤洋二郎、富岡幸一郎、中沢けい、松本徹、津村節子

【文学の本質を次世代に伝え、かつ純文学の孤塁を守りつつ、文学の復権を目指す文芸誌】

＊翻訳・研究ほか

新訳金瓶梅 上巻・中巻（全三巻予定）

田中智行訳（朝日・中日新聞他で紹介）

三国志などと並び四大奇書の一つとされる、金瓶梅。そのイメージを刷新する翻訳に挑んだ意欲作。詳細な訳註も。 各3850円

小竜の国 ―亭林鎮は大騒ぎ

韓寒著 柏葉海人訳

中国のベストセラー作家にしてマルチに活躍する韓寒の第6作。上海・亭林鎮を舞台にカワサキゼファーが疾走する！ 1980円

スモッグの雲

イタロ・カルヴィーノ著 柘植由紀美訳

樹上を軽やかに渡り歩く「ペンのリス」、カルヴィーノの一九五〇年代の模索がここにも。他に掌篇四篇併載。 1980円

キングオブハート

G・ワイン・ミラー著 田中裕史訳

心臓外科の黎明期を描いた、ノンフィクション。彼らは憎悪と恐怖の中、未知の領域へ挑んでいった。 1980円

藤本卓教育論集

藤本 卓 〈教育〉〈学習〉〈生活指導〉

子どもは、大人に教育されるだけでは育たない。筆者の遺した長年の研究による教育哲学の結晶がここにある。 3960円

アナイス・ニンとの対話 ―インタビュー集―

アナイス・ニン研究会訳

男性をまきこむ解放、男性と戦わない解放、男性を愛して共闘する解放を強調したアメリカ作家のインタビュー集。 1980円

日本の臨床現場で専門医が創る

図解 精神療法

広岡清伸

心の病の発症過程から回復過程、最新の精神療法を、医師自らが手がけたイラストとともに解説する。A4カラー・460頁。 13200円

アルザスワイン街道 ―お気に入りの蔵をめぐる旅―

森本育子（2刷）

アルザスを知らないなんて！ フランスの魅力はなんといっても豊かな地方のバリエーションにつきる。 1980円

ヨーゼフ・ロート小説集

平田達治 佐藤康彦 訳

第一巻 優等生、バルバラ、立身出世
サヴォイホテル、曇った鏡 他
第二巻 ヨブ・ある平凡な男のロマン
タラバス・この世の客
第三巻 殺人者の告白、偽りの分銅・計量検査官の物語、美の勝利
第四巻 皇帝廟、千二夜物語、レヴィアタン（珊瑚商人譚）
別 巻 ラデツキー行進曲（2860円）

四六判・上製／平均480頁 4070円

カフカ、ベンヤミン、ムージルから現代作家にいたるまで大きな影響をあたえる。

ローベルト・ヴァルザー作品集

新本史斉／若林恵／F・ヒンターエーダー＝エムデ 訳

1 タンナー兄弟姉妹
2 助手
3 長編小説と散文集
4 散文小品集Ⅰ
5 盗賊／散文小品集Ⅱ

四六判、上製／各巻2860円

詩人の生 新本史斉訳（1870円）
絵画の前で 若林恵訳（1870円）
微笑む言葉、舞い落ちる散文 新本史斉著
ローベルト・ヴァルザー論（2420円）

＊歴史

善光寺と諏訪大社
神仏習合の時空間
長尾 晃

一五〇年ぶりの同年開催となった善光寺「御開帳」と諏訪大社「御柱祭」。知られざる関係と神秘の歴史に迫る。 1760円

小説木戸孝允 上・下
―愛と憂国の生涯―
中尾實信（2刷）

西郷、大久保が躊躇した文明開化と封建制打破を成就し、四民平等の近代国家を目指した木戸孝允の生涯を描く大作。 3850円

太郎と弥九郎
飯沼青山

江川太郎左衛門と斎藤弥九郎、激動の時代を切り開いたふたりの奮闘を描く、迫真の歴史小説！ 2200円

五島列島沖合に海没処分された潜水艦24艦の全貌
浦 環（二刷出来）

日本船舶海洋工学会賞受賞。実物から受けるオーラは、記念碑から受けるオーラとは違う。実物を見よう！ 3080円

幕末の大砲、海を渡る
―長州砲探訪記―
郡司 健（日経新聞で紹介）

連合艦隊に接収され世界各地に散らばった長州砲を追い求め、世界を探訪。二〇年にわたる研究の成果とは。 2420円

魚食から文化を知る
―ユダヤ教、キリスト教、イスラム文化と日本
平川敬治（読売新聞ほかで紹介）

日本人に馴染み深い魚食から世界を知ろう！魚と、人の宗教・文化形成との関係という全く新しい観点から世界を考察する。 1980円

天皇の秘宝
―さまよえる三種神器・神璽の秘密―
深田浩市

二千年の時を超えて初めて明かされる「三種神器の勾玉」衝撃の事実！ 日本国家の祖、真の皇祖の姿とは!! 1650円

西行 わが心の行方
松本 徹（二刷出来）（毎日新聞で紹介）

季刊文科で「物語のトポス西行随歩」として十五回にわたり連載された西行ゆかりの地を巡り論じた評論的随筆作品。 1760円

浦賀与力中島三郎助伝 木村紀八郎
幕末という岐路に先見と至誠をもって生き抜いた最後の武士の初の本格評伝。 2420円

軍艦奉行木村摂津守伝 木村紀八郎
若くして名利を求めず隠居、福沢諭吉が終生敬愛したというサムライの生涯。 2420円

南の悪魔フェリッペ二世 伊東 章
スペインの世紀といわれる百年が世界のすべてを変えた。黄金世紀の虚実1 2090円

フランク人の事蹟 第一回十字軍年代記
丑田弘忍訳 第一次十字軍に実際に参加した三人の年代記作家による異なる視点の記録。 3080円

大村益次郎伝 木村紀八郎
長州征討、戊辰戦争で長州軍を率いて幕府軍を撃破した天才軍略家の生涯を描く。 2420円

新版 日蓮の思想と生涯 須田晴夫
日蓮が生きた時代状況と、思想の展開を総合的に考察。日蓮仏法の案内書！ 3850円

天皇家の卑弥呼（三刷） 深田浩市
倭国大乱は皇位継承戦争だった!! 文献や科学調査から卑弥呼擁立の理由が明らかに。 1650円

古事記新解釈 南九州方言で読み解く神代
飯野武夫／飯野布志夫 編 『古事記』上巻は南九州の方言で読み解ける。 5280円

＊小説・文芸評論

出来事（2刷）
吉村萬壱（朝日新聞・時事通信ほかで紹介）

季刊文科62～77号連載「転落」の単行本化
芥川賞作家・吉村萬壱が放つ、不穏なるホンモノとニセモノの世界。1870円

地蔵千年、花百年（3刷）
柴田翔（読売新聞・サンデー毎日で紹介）

芥川賞受賞『されど われらが日々―』から約半世紀。約30年ぶりの新作長編小説。戦後からの時空と永遠を描く。1980円

空白の絵本 ―語り部の少年たち―
司修（東京新聞、週刊新潮ほかで紹介）

広島への原爆投下による孤児、そして「幽霊戸籍」。NHKドラマとして放映された作品を小説として新たに描く。1870円

結交姉妹
村上政彦（毎日新聞で紹介）

季刊文科連載作が待望の単行本化。女性たちだけの秘密の世界、女書文字をめぐる物語。1760円

夏目漱石は子役チャップリンと出会ったか？
漱石についての論文・随筆40編を収録！ 選りすぐりの伝記、考証を収める。
原武哲（西日本新聞、熊本日日新聞で紹介）
漱石研究蹣跚 3080円

そして、ニューヨーク【私が愛した文学の街】
鈴木ふさ子（産経新聞で紹介）（2刷）

この街を愛した者たちだけに与えられる特権それは〝魅力の秘密〟を語ること。文学、映画ほか、その魅力を語る。2090円

創作入門―小説は誰でも書ける
小説を驚くほどよくする方法
奥野忠昭

長年の創作経験と指導経験に基づくその創作理論を、実例を示すことで実践的でかつ分かりやすく提示。ベテランにもお勧め。1980円

評伝 小川国夫 ―至近距離から
山本恵一郎

小川国夫との五十年に及ぶ親交を「カミソリの刃のうえを歩くようなこと」と記す著者しか書き得ない、小川文学の根幹に迫る評伝。1980円

「へうげもの」で話題の〝古田織部三部作〟
久野治（NHK、BS11など歴史番組に出演）

新訂 古田織部の世界 3080円
千利休から古田織部へ 2420円
改訂 古田織部とその周辺 3080円

中上健次論〈全三巻〉
河中郁男
初期作品から晩年の未完作に至るまで、計一八〇〇頁超の壮大な論集。各3520円

エロイ、エロイ、ラマ、サバクタニ
大鐘稔彦 信じていた神に裏切られた男は、プリマドンナを追い求めてさ迷う。1540円

芸術に関する幻想
W・H・ヴァッケンローダー
毛利真実 訳 デューラーに対する敬虔、ラファエロ、ミケランジェロ、そして音楽。1650円

＊ドイツ語圏関係他

詩に映るゲーテの生涯〈改訂増補版〉
柴田 翔

小説を書きつつ、半世紀を越えてゲーテを読みつづけてきた著者が描く、彼の詩の魅惑と謎。その生涯の豊かさ。 1650円

ペーター・フーヘルの世界—その人生と作品
斉藤寿雄（週刊読書人で紹介）

旧東ドイツの代表的詩人の困難に満ちたその生涯を紹介し、作品解釈をつけ、主要な詩の翻訳をまとめた画期的書。3080円

ヘーゲルのイエナ時代 完結編—『精神の現象学』の誕生—
松村健吾

『精神の現象学』の誕生を、初版に見られる8ヶ所の無意味な一行の空白を手がかりに読み解く。 6600円

リヒテンベルクの手帖
ゲオルク・クリストフ・リヒテンベルク著
吉用宣二訳

18世紀最大の「知の巨人」が残した記録、本邦初となる全訳完全版。I・II巻と索引の三分冊。 各8580円

光と影
ハイデガーが君の生と死を照らす！ 村瀬 亨

河合塾の人気講師によるハイデガー『存在と時間』論を軸とした、生と死について考えるための哲学入門書。 1650円

ニーベルンゲンの哀歌
岡崎忠弘 訳（図書新聞で紹介）

『ニーベルンゲンの歌』の激越な特異性とその社会的位置を照射する続篇『哀歌』。待望の本邦初訳。 3080円

二〇一八 改訂 **黄金の星（ツァラトゥストラ）はこう語った**
ニーチェ／小山修一 訳

詩人ニーチェの真意、健やかな喜びを伝える画期的全訳。ニーチェの真意に最も近い渾身の全訳。 3080円

ヘルダリーン—ある小説
ペーター・ヘルトリング著／富田佐保子訳

フランス革命は彼とその仲間たちをどう衝き動かしたのか？ この魅力的な詩人の人生を描く。 2860円

ゲーテ『悲劇ファウスト』を読みなおす 新妻 篤
ゲーテが約六〇年をかけて完成。著者が明かすファウスト論。 3080円

ギュンター・グラスの世界 依岡隆児
つねに実験的方法に挑み、政治と社会から関心を失わなかったノーベル賞作家を正面から論ずる。3080円

グリムにおける魔女とユダヤ人 奈倉洋子
グリムのメルヒェン集と —メルヒェン・伝説・神話—
伝説集を中心にその変化の実態と意味を探る。1650円

フリードリヒ・シラー美学=倫理学用語辞典 序説
ヴェルンリ／馬上徳 訳 難解なシラーの基本的用語を網羅し体系化をはかり明快な解釈をほどこし全思想を概観。2640円

新ロビンソン物語 カンペ／田尻三千夫 訳
18世紀後半、教育の世紀に生まれた「ロビンソン・クルーソー」を上回るベストセラー。2640円

東方ユダヤ人の歴史 ハウマン／平田達治 荒島浩雅 訳
その実態と成立の歴史的背景をこれほど見事に解き明かしている本はこれまでになかった。2860円

ポーランド旅行 デーブリーン／岸本雅之 訳
長年にわたる他国の支配を脱し、独立国家の夢を果したポーランドのありのままの姿を探る。2640円

東ドイツ文学小史 W・エメリヒ／津村正樹 監訳
神話化から歴史へ。一つの国家の終焉はその文学の終りを意味しない。7590円

ジョージ・セル 音楽の生涯

マイケル・チャーリー 著／伊藤氏貴 訳
（週刊読書人で紹介）

大指揮者ジョージ・セルの生涯。膨大な一次資料と関係者の生証言に基づく破格の評伝。音楽評論家・板倉重雄氏推薦。 4180円

塹壕の四週間 あるヴァイオリニストの従軍記

フリッツ・クライスラー著 伊藤氏貴訳

伝説のヴァイオリニストによる名著復活！ 偉大な人格と情緒豊かな音楽に結びついた極限の従軍体験を読み解く。 1650円

オットー・クレンペラー

中島 仁

最晩年の芸術と魂の解放
―1967〜69年の音楽活動の検証を通じて―

20世紀の大指揮者クレンペラーの最晩年の姿を通して人間における音楽のもつ意味を浮かびあがらせる好著。 2365円

フランスの子どもの歌Ⅰ・Ⅱ 50選 ―読む楽しみ―

三木原浩史・吉田正明（Ⅱより共著）

フランスに何百曲あるかわからない子どもの歌から50曲を収録。うたう・聴く楽しみとは、ひと味違う読んで楽しむ一冊。 各2200円

モリエール傑作戯曲選集 1〜4

柴田耕太郎訳

現代の読者に分かりやすく、また上演用の台本としても考え抜かれた、画期的新訳の完成。 各3080円

映画で楽しむ宇宙開発史

日達佳嗣（二刷出来）

映画から読み解く人類の宇宙への挑戦！ 宇宙好き×映画好きが必ず楽しめる宇宙の映画を集めた一冊。 1980円

永田キング

澤田隆治（朝日新聞ほかで紹介）

今では誰も知らない幻の芸人の人物像に、放送界の名プロデューサーが長年の資料収集と関係者への取材を元に迫る。 3080円

雪が降るまえに

A・タルコフスキー／坂庭淳史訳（二刷出来）

詩人アルセニーの言葉の延長線上に拡がっていた世界こそ、息子アンドレイの映像作品の原風景そのものだった。 2090円

宮崎駿の時代 1941〜2008 久美薫
宮崎アニメの物語構造と主題分析、マンガ史からアニメ技術史まで宮崎駿論一千枚。 1760円

ヴィスコンティ 若菜薫
「郵便配達は二度ベルを鳴らす」から「イノセント」まで巨匠の映像美学に迫る。 2420円

ヴィスコンティⅡ 若菜薫
高貴なる錯乱のイマージュ。「ベリッシマ」「白夜」「前金」「熊座の淡き星影」 2420円

アンゲロプロスの瞳 若菜薫
『旅芸人の記録』の巨匠への壮麗なるオマージュ。（二刷出来） 3080円

ジャン・ルノワールの誘惑 若菜薫
多彩多様な映像表現とその官能的で豊饒な映像世界を踏破する。 2420円

聖タルコフスキー 若菜薫
「映像の詩人」アンドレイ・タルコフスキー。その全容に迫る。 2200円

銀座並木座 日本映画とともに歩んだ四十五年
嵩元友子 ようこそ並木座へ、ちいさな映画館をめぐるとっておきの物語 1980円

つげ義春を読め 清水正
つげマンガ完全読本！ 五〇編の謎をコマごとに解き明かす鮮烈批評。 5170円

＊実用・ビジネス

経営という冒険を楽しもう　1〜4巻
仲村恵子

中小企業経営者が主人公の大人気のシリーズ。経営者たちは苦悩と葛藤を、仲間たちと乗り越えてゆく。各1500円

国旗と世界のストーリー
米村典紘

世界各国の国旗とその由来、その国の基本情報などを掲載。歴史や文化についてのコラムや各大陸別の国旗の傾向なども。1980円

Pythonで学ぶ回路シミュレーションとモデリング
盛 健次　松澤 昭

Pythonを学ぶ人々へ向けて書かれたテキスト。学生および企業／法人の学習に最適なオールカラー588頁。6160円

MATLABで学ぶ回路シミュレーションとモデリング
盛 健次　松澤 昭

MATLAB/SIMULINKを学ぶ人々へ向けて書かれたテキスト。学生および企業／法人の学習に最適なオールカラー546頁。6160円

コロナ後の京都観光文化力ガイド

コロナ後の京都の文化力を紐解く必読本！本書の出会いは京都通の始まり！京都の中の京都がここにある！1980円

誰でもわかる
和音のしくみ
末松 登 編著／橘 知子 監修

自ら音楽を楽しむ人々、音楽を学ぶ人々のため、和音の成り立ちと進行を誰にでもわかるよう解説する。1600円

自律神経を整える食事
胃腸にやさしいディフェンシブフード（2刷出来）
松原秀樹

40年悩まされたアレルギーが治った！重度の冷え・だるさも消失した！ディフェンシブフードとは？1650円

アラビア語文法
コーランを読むために
田中博一

欧米式アラビア語学習法を取りながら、アラブ人の学ぶ文法学の解説も取り入れた画期的文法書。4620円

心に触れるホームページをつくる　秋山典丈
従来のHP作成・SEO本とは一線を画しコンテンツの書き方に焦点を当てる。1760円

開運虎の巻　街頭易者の独り言　天童春樹
三十余年六万人の鑑定実績。あなたと身内の運命と開運法をお話しします　1650円

成果主義人事制度をつくる　松本順市
30日でつくれる人事制度だから、業績向上が実現できる。（第11刷出来）1760円

腹話術入門（第4刷出来）　花丘奈果
発声方法、台本づくり、手軽な人形作りまで一人で楽しく習得。台本も満載。1980円

南京玉すだれ入門（2刷）花丘奈果
いつでも、どこでも、誰にでも、見て楽しく演じて楽しい元祖・大道芸を解説。1760円

初心者のための蒸気タービン　山岡勝己
原理から応用、保守点検、今後へのヒントなどベテランにも役立つ。技術者必携。3080円

現代アラビア語辞典アラビア語日本語
田中博一／スバイハット レイス 監修
千頁を超える本邦初の本格的辞典。11000円

現代日本語アラビア語辞典
田中博一／スバイハット レイス 監修
見出語約1万語、例文1万2千収録。8800円

マシーラ島へ向かうC-141に搭乗するデルタ。作戦には、多数のデルタ・オペレーターが必要なのが明らかだった。ベックウィズ大佐は、広大な大使館の敷地を掃討するこの任務はどの隊員が欠けても遂行できないと主張した。隊員たちは、CAR-15 5・56mmライフルを装備している。また、M79 40mmグレネードランチャーを装備している隊員も確認できる。（DoD）

ワディ・ケナでマシーラ島行きのC-141に搭乗する隊員に対し、再度、隊容検査を行うベックウィズ大佐。すでに作戦開始を知らされていることが、隊員たちの硬い表情に表れている。ベックウィズ大佐の後ろには、PRC-77無線機を背負った無線通信手が随行している。（DoD）

ケナに戻り、第2夜の作戦に備える。

　EC－130Eのうち2機は、道路の北側に配置され、もう1機のEC－130Eと残りのMC－130Eは道路の南側に配置される。北側の2機のEC－130Eは、それぞれ3機のRH－53Dに燃料を補給し、南側のEC－130Eは、2機のRH－53Dに燃料を補給する。RH－53Dは、最後のEC－130Eの配置が完了してから約15分後に到着することになっていた。

　ヘリコプターは、給油を受けながら人員および装備品の搭載を行う。作戦を続行するためには、給油後に少なくとも6機のヘリコプターがデザート・ワンから離陸できなければならない。それよりも機数が少ない場合には、作戦が中止されることになる。

　4月25日（作戦2日目）未明、燃料補給およびデルタの搭乗が完了すると、可動状態にあるヘリコプターはテヘランに向かって離陸する。輸送機は、オマーン湾上空で空中給油を受けながらマシーラ島へと帰投する。ヘリコプターは、テヘランの南東60マイル（約97キロメートル）の砂漠にある別の地点まで2時間半飛行し、デルタを降機させる。デルタはリチャード・メドウズと合流し、休息をとるために峡谷にある潜伏先まで徒歩で移動する。道路から程よく離れたその場所は敵に発見されにくく、かつ、テヘランまで直ちに移動できる。

　ヘリコプターは北東に向かって飛行し、デザート・ツーと呼ばれる場所に隠される。そこは、北緯35度14分00秒、東経52度15分00秒、テヘランから約52マイル（約84キロメートル）離れたガルムサー周辺の峡谷に位置している。搭乗員たちは、日出までにヘリコプターの偽装を完了し、日没まで防御態勢を維持しながら待機する。

7. 人質がルーズベルト通りを通ってアムジャディエ・スタジアムまで誘導される間、
ブルー・チームがイランからの反撃を阻止。
8. ブルービアード5および6が南へと飛行し、
3人の人質と特殊部隊分遣隊Aを外務省で回収。
9. 最初の2機のヘリコプターが人質を乗せて離陸。
次の2個編隊(ブルービアード3および4、続いて7および8)が順次に着陸し、
残りの人質および救出チームをC-141が待機するマンザリエ空軍基地まで空輸。

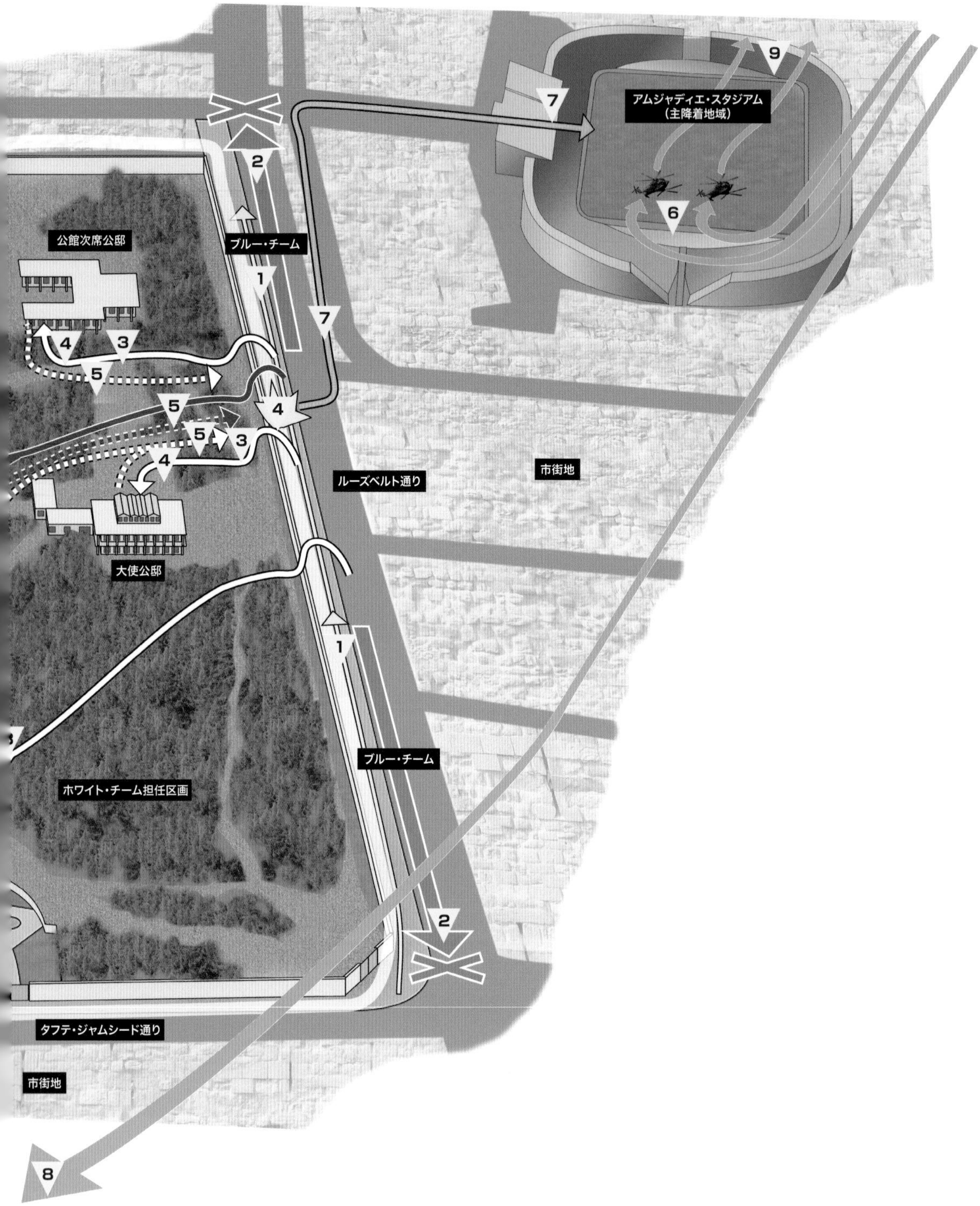

アメリカ大使館敷地内（テヘラン）の救出作戦計画

計画されていた行動

1. デルタの一部が、ルーズベルト通りに沿って進みながら、
   大使館敷地外に配置されているすべての警戒要員を殺害。
2. 13名からなるブルー・チームが、ルーズベルト通りの両端に機関銃を設置し、
   救出部隊が元人質を主降着地域（アムジャディエ・スタジアム）に
   連れ出す際の掩護射撃を準備。
3. レッド・チームおよびホワイト・チーム（各チーム40名）が、
   待機位置へ移動、大使館敷地西側および東側の各担任区画を確保。
4. ルーズベルト通り沿いの大使館の塀を爆破し、攻撃開始を合図。
   レッド・チームが職員宿舎、事務棟、領事部庁舎、「マッシュルーム・イン」の人質を救出。

   ホワイト・チームが大使公邸、公館次席公邸および大使館本館の人質を救出。

   地上誘導員がRH-53Dに降着地域（スタジアム）への進入を指示。
5. レッド・チームおよびホワイト・チームが、
   救出した人質をエスコートして敷地内を横断、
   ルーズベルト通りの塀に開けられた穴へと誘導。
6. 最初のヘリコプター（ブルービアード1および2）が
   スタジアムに着陸し、救出隊が到着するまで待機。

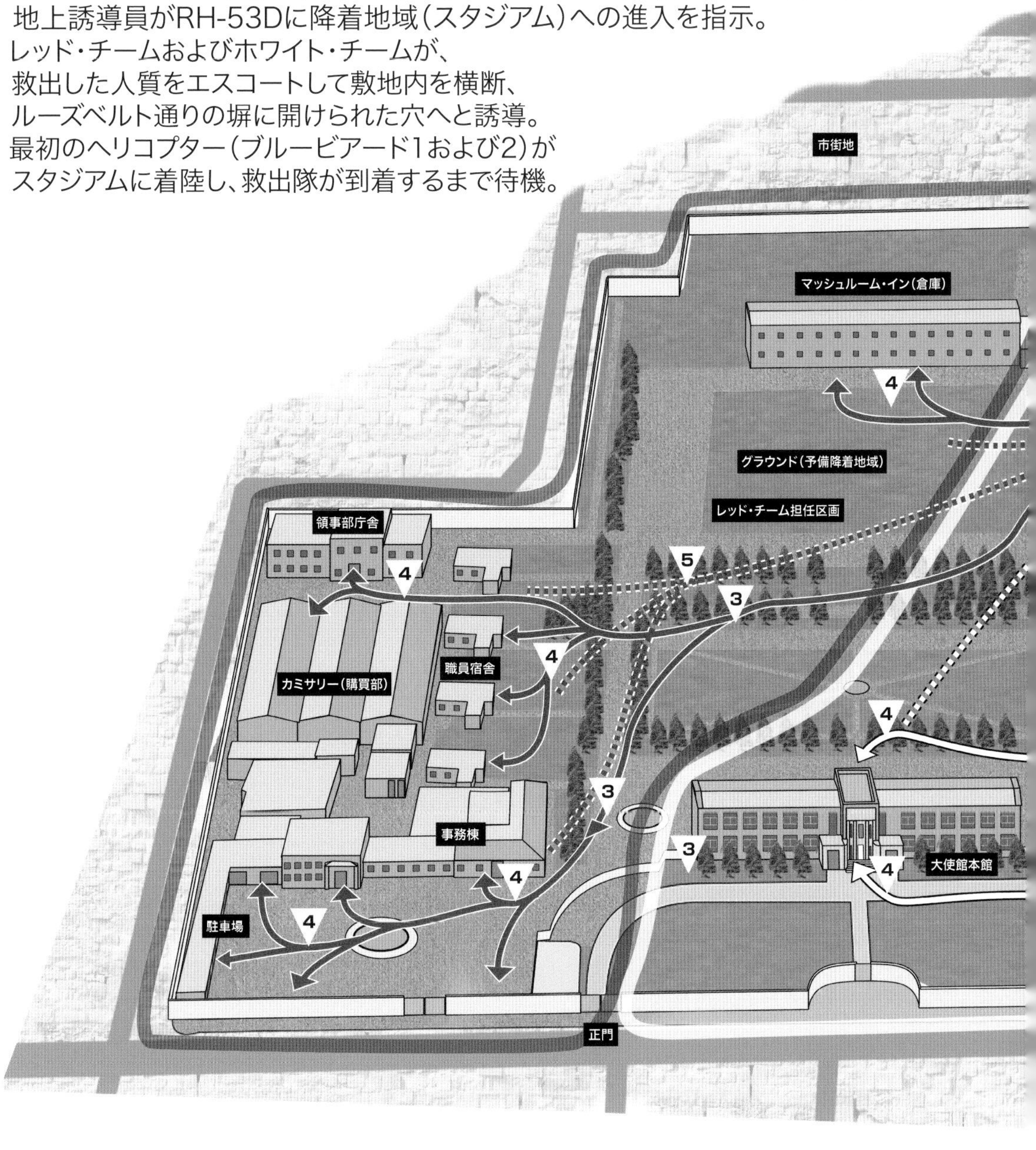

4月25日夕（作戦第2夜）、デルタの6名の車両操縦手および6名の通訳要員が、リチャード・メドウズと共にテヘラン郊外の倉庫に向かい、6台のメルセデス・トラックを掌握し潜伏先に戻って残りのデルタをピックアップする。デルタが乗り込んだトラックは倉庫に戻る。トラックの荷台には、イラン人に停止させられた場合に備え、強襲チームが隠れるための壁で囲われたスペースが設けられている。ベックウィズ大佐は、大使館とその周辺地域のルートを偵察し、倉庫に戻って最終調整を行う。

同じ頃、100名のレインジャーが4機のC－130に搭乗してワディ・ケナを出発する。サウジアラビア上空で空中給油を受けたのち、イランのマンザリエ飛行場に進入し、そこを占拠する。4機のAC－130Hガンシップ（コールサイン「ハンマー」）もワディ・ケナから離陸する。そのうちの1機は、テヘランで援護射撃を行う。もう1機は、メフラーバード空港からスクランブルしようとするイラン機を制圧する。3機目は、マンザリエ飛行場周辺で航空支援を行う。4機目は、予備として控置される。2機のC－141Bがレインジャーのc－130に続いてマンザリエ飛行場に進入する。そのうちの1機は負傷した元人質や隊員を治療しながら空輸する患者後送機として用いられ、もう1機はそれ以外の人員の空輸に用いられる。

外務省庁舎から3人の人質を救出する13名の強襲チームは、フォルクスワーゲンのバスを使って目標の建物に向かう。23時00分、デルタの一部が、ルーズベルト通りを車両で走行しながら22口径のサイレンサー付拳銃ですべての警戒要員を射殺する。最初に突入部隊が、続いてレッド、ホワイト、ブルーのチームに区分されたデルタの主力が大使館の敷地内に侵入する。

デルタのA戦闘中隊で構成される40名のレッド・チーム（指揮官：ピーター・シューメイカー少佐）は、大使館敷地の西半分を確保し、職員宿舎、マッシュルーム・インおよびカミサリー（購買部）で発見されたすべての人質を解放する。その際、駐車場および発電所で発見されたすべての警戒要員を射殺する。

デルタのB戦闘中隊で構成される40名のホワイト・チーム（指揮官：ローガン・フィッチ少佐）は、大使館敷地の東側を確保し、公館次席公邸、大使公邸、および大使館本館で発見されたすべての人質を解放する。隊員の一人は、イランを出国する際に大使館料理人が持ち帰っていた厨房の玄関の鍵を携行している。

デルタの選考・訓練班に所属する狙撃・警戒要員で構成される13名のブルー・チーム（指揮官：ジェリー・ボイキン少佐）は、M60およびHK21機関銃を配置してルーズベルト通りの両端を確保する。また、救出部隊が大使館に隣接したアムジャディエ・サッカー・スタジアムまで元人質を連れ出す際の援護射撃を行う。このスタジアムは、主降着地域として利用される。

レッドおよびホワイト・チームが展開を完了したならば、大使館本館の塀を爆破して穴を開ける。この爆発を合図に強襲作戦が開始される。デルタは、割り当てられた建物への突入を開始し、遭遇した監視要員を殺害し、人質を解放する。

その爆発を合図に、デルタの航空連絡士官はテヘランの郊外でホバリングしているRH－53Dにアムジャディエ・サッカー・スタジアムへの進入を指示する。ベックウィズ大佐は、救出任務を開始する際にすべてのヘリコプターがエンジンを始動できるとは思っていなかった。最悪の場合でも、４機がテヘランに進入してくれることを願っていた。

大使公邸からは、２名のデルタ・オペレーターがＭ72Ａ２ＬＡＷ(Light Anti-tank Weapon, 軽対戦車火器)で援護射撃を行う。レッドおよびホワイト・チームが人質を救出しながら建物を掃討したならば、一部の勢力をもって大使館敷地の中央にある開かつ地を確保し、予備降着地域を準備する。デルタは、どちらか一方の降着地域を使用することもできるし、両方の降着地域を使用してイラン人たちを混乱させ相対戦闘力を確保することもできる。

レッドおよびホワイト・チームが大使館本館から隣のアムジャディエ・サッカー・スタジアムに向かって脱出する際には、大使館とスタジアムの間を横切るルーズベルト通りを確保しているブルー・チームが接近するイラン軍を制圧する。外務省庁舎では、13名の特殊部隊チームが３人の人質を救出し、庁舎に隣接する公園に着陸するヘリコプターによりピックアップされる。

交戦規定(Rules of Engagement, ＲＯＥ)は、極めて単純だった。隊員たちに求められたのは、人質を拘束または救出部隊に抵抗する警戒・監視要員以外の殺害を努めて回避し、主たる目標のみに集中して、短時間で戦闘を終了させることであった。大きな問題となったのは、人質の心理状態であった。強襲の最中に自ら蜂起し、監視要員と戦い、自分自身や救出部隊を危険にさらす人質がいるかもしれなかった。友好的だった監視要員を助けようとする人質がいるかもしれなかった。数ヵ月にわたる拘束により体力が消耗し、敵の攻撃にさらされながら救出ヘリコプターまで移動することが困難な人質がいるかもしれなかった。解放された元人質たちには、識別を容易にするため、オレンジ色のアームバンドとヘッドバンドを装着させることになっていた。

強襲チームをバックアップするため、２機のＡＣ－１３０Ｈガンシップがテヘラン上空を飛行し、あらかじめ決定されていた目標に狙いを定める。救出部隊にとって最大の脅威であるロシア製の自走式対空砲は、ＡＣ－１３０Ｈによって瞬時に制圧される。民間人の犠牲を避けたいというカーター大統領の要望を受け、デルタ・オペレーターの一人であるルイス・「バッキー」・バラス少佐はＭ７暴動

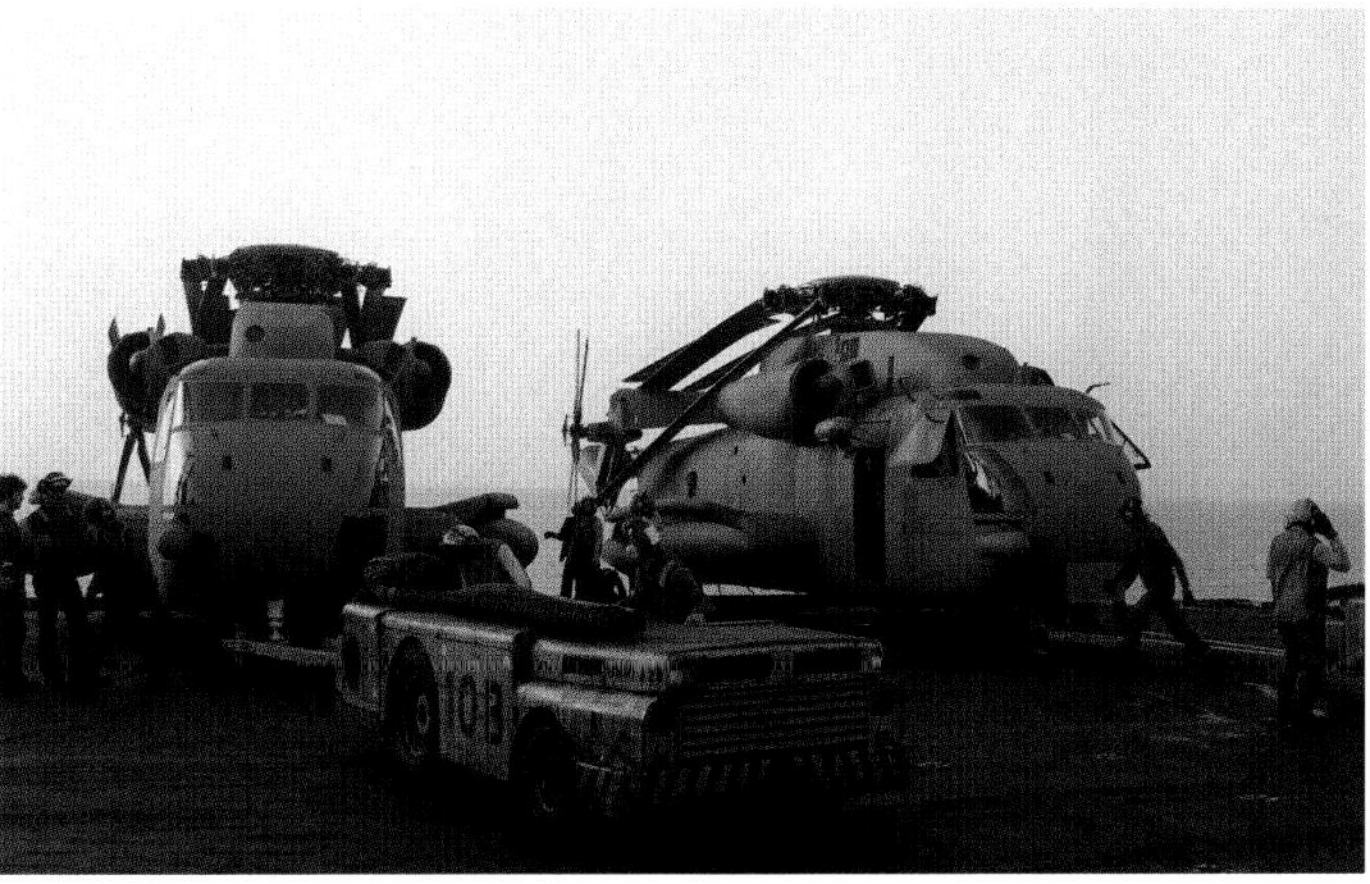

4月24日、作戦開始まで数時間となった空母ニミッツでは、8機のヘリコプターの飛行準備が開始された。機体を飛行甲板に搬出し、テール・ブームおよびローター・ブレードを飛行状態に展張した。ヘリコプターが装備する武装は、コックピット後方のクルー・チーフ・ドアに取り付けられたキャリバー50機関銃だけだった。生き残れるかどうかは、奇襲の成功と、AC-130を装備した掩護《えんご》チームによるテヘランとマンザリエ飛行場の間のイラン軍防空網の破壊にかかっていた(DoD)。

鎮圧用小銃擲弾発射器を携行することになっていた。また、ＡＣ－１３０Ｈが大使館周辺の群衆に向かって射撃する場合には、４０ｍｍミッシュ・メタル弾を用いる。この弾薬は、通常の４０ｍｍ榴弾に比べて炸薬が少なく、殺傷力が弱いという特徴を有していた。

強襲作戦の進行に合わせて、ヘリコプター部隊が進入を開始し、ルーズベルト通りを挟んで大使館に隣接しているサッカー・スタジアムに着陸する。そこは降着地域として堅固に防御されているが、敵の攻撃を受けた場合は大使館の敷地内にヘリコプター部隊を進入させる。他の2機のヘリコプターは外務省に向けて前進し、３人の元人質と13名の救出部隊をピックアップする。サッカー・スタジアムまたは大使館からすべての元人質と諜報員を離脱させたならば、レッド、ホワイト、ブルー・チームが順次にヘリコプターに搭乗し、テヘランからマンザリエ飛行場へと向かう。

テヘランでの作戦と同時並行的に、ワディ・ケナから飛来した第75レインジャー連隊第1大隊C中隊がテヘランの南35マイル（約56キロメートル）にあるマンザリエ飛行場を占拠する。その後、救出ヘリコプターがマンザリエ飛行場に進入する。元人質および救出部隊は負傷の程度に応じて区分され、２機のＣ－１４１Ｂに割り振られる。Ｃ－１４１Ｂに搭乗した元人質、強襲チーム、運転手、通訳、ヘリコプターのパイロットおよび搭乗員ならびにアメリカ政府の諜報員たちは、サウジアラビアのダーランを経由して西ドイツのラムシュタイン空軍基地へと向かう。最後に、レインジャーがＭＣ－１３０に搭乗して離脱する。(1)

【注釈】

(1) ここに記載した内容には、その細部において、実際の作戦計画と異なっている部分がある。それは、本書の執筆に際して行った独自のインタビューおよび機密解除された文書から得られた情報を反映したためである。

郵便はがき

料金受取人払郵便

諏訪支店承認

2253

差出有効期間
令和6年12月
18日まで有効

(切手不要)

392-8790

〔受取人〕

長野県諏訪市四賀229-1

鳥影社編集室

愛読者係　行

ご住所　〒□□□-□□□□	
(フリガナ) お名前	
お電話番号　(　　　)　　-	
ご職業・勤務先・学校名	
eメールアドレス	
お買い上げになった書店名	

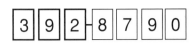

鳥影社愛読者カード

このカードは出版の参考とさせていただきます。
皆様のご意見・ご感想をお聞かせください。

書名	

①本書をどこで知りましたか。

i．書店で	iv. 人にすすめられて
ii．広告で（　　　　）	v．DMで
iii. 書評で（　　　　）	vi. その他（　　　　）

②本書・著者・小社へのご意見・ご感想等をお聞かせください。

③最近読んでよかったと思う本を教えてください。

④現在、どんな作家に興味をお持ちですか。

⑤現在、ご購読されている新聞・雑誌名

⑥今後、どのような本をお読みになりたいですか。

◇購入申込書◇

書名　　　　¥　　　　（　　）部

書名　　　　¥　　　　（　　）部

書名　　　　¥　　　　（　　）部

4月24日の任務開始数時間前に、空母ニミッツの飛行甲板に姿を現したRH-53D。外見上、国籍や部隊などを識別できる標識が何も付いていない。(DoD)

強襲
THE RAID

部隊移動

作戦第2夜にマンザリエ飛行場の占拠を支援する第1特殊作戦航空団の搭乗員たちは、4月18日にハルバート・フィールド空軍基地で作戦が「ゴー（実施）」であるとの連絡を受け、4月20日に中東に向けて出発し、4月22日にエジプトのワディ・ケナに到着した。到着後は、レインジャーとの調整を行い、マンザリエ飛行場の占拠に必要な計画の修正および部隊の編成を完了した(Meller, 24-26)。

世界各地への航空機および隊員の配備が隠密に進められる中、メドウズ、アルージ、ラヒジなどのアメリカ人諜報員たちは、主要目標の周辺を偵察し、隠れ場所や市街地への進入・離脱経路を再度確認した。サッカー・スタジアムのフィールドには複数のポールが立っていたが、ヘリコプターの進入に障害となるためデルタが爆破して倒すことになった。倉庫では、トラックおよびバスの最終確認が行われていた。その内部には、デルタが隠れるための隔壁が取り付けられていた。

ワディ・ケナおよびマシーラ島への人員・装備の集結と同時並行的に、ヘリコプターの準備も進められた。長い間「格納庫の女王」のような状態が続いていた7番機と8番機も、運用可能状態に復帰した。任務開始3日前にはヘリコプター部隊指揮官であるエドワード・サイファート中佐が編隊長となって4時間の時間飛行（重要な整備を行った場合、作戦開始前に行う数時間程度のローカル・フライト）を行い、機体の状態が確認された。4月22日には再び甲板の下に格納され、ネイビー・ブルーの塗装の上からデザート・タンのカモフラージュ塗装が施された。また、エア・フィルターが取り外され、追加のアビオニクスおよび航法機器、燃料タンク、機関銃などが搭載された。

しかし、その後もヘリコプターには不運が続いた。空母ニミッツの格納庫内でアビオニクスの試験を行っていたところ、ヘリコプターへの電力供給が遮断された。その際、供給を再開しようとした技術者が、誤って船体の隔壁に付いている消火ボタンを押してしまったのである。腐食を引き起こしやすい消火泡が格納庫天井から放出され、瞬く間に5機のヘリコプターを覆いつくした。乗員たちは直ちにヘリコプターから泡を除去した。検査の結果、機体に損傷はないと判定されたものの、今後の運用に一抹の不安を残すことになった（Zimmerman, 119）。

4月20日、デルタは2機のC－141Bに搭乗し、ラムシュタイン空軍基地へと向かった。到着後、外務省から人質を解放する「ストーム・クラウド作戦」に参加する特殊部隊チームを掌握し、中継基地であるワディ・ケナへと向かった（Beckwith, 238）。ワディ・ケナでは、小火器の試射、爆発物の準備などを行った。爆発物は、建造物および人質の空輸を完了したヘリコプターの破壊に使用するためのもので、M14／TH3焼夷手榴弾およびC－4爆薬を詰め込んだ弾薬箱が用いられていた（Vining）。

小火器の最終点検および試射の段階になって、驚くべきことが判明した。西ドイツの対テロ作戦チームGSG－9との訓練を繰り返してきた特殊部隊分遣隊Aは、訓練のたびに弾薬の補給を受けていたが、その時の訓練弾が作戦開始前に交付された9㎜弾薬の中に混じっていたのである。それを実弾だと思い込んだ分遣隊Aの隊員たちがトラックの中で装填《そうてん》を準備しているのに気づいたデルタの支援要員は、直ちに準備を中止させて仮設射場まで連れてゆき、危うく実戦に使うところだった訓練弾と実弾との威力の違いを展示してみせた（Murphy）。

救出部隊は、追加の装備品を受領するとともに、CIAから人質が拘束されていると見積もられる場所、警戒・監視要員の編成および行動などに関するブリーフィングを受けた。デルタなどの地上部隊の隊員たちに支給されたサバイバル・ギアの中には、ペルシャ語に関するガイドブックも入っていた。それには、「動くな」、「ここはどこですか」、「私たちは兄弟です」、「あなた方イラン人やイスラム教徒は、親切な方ばかりだと聞いています。お願いですから、私を助けてください。あなたの手助けが必要なのです。」などの言葉が記載されていた。作戦が完全に失敗し、自分自身でイランから脱出しなければならなくなった場合に備えて、多額のアメリカ・ドルおよびイラン・リアル紙幣、偽造パスポートおよびビザなども支給された。

作戦に用いる隠語についても、再確認が行われた。使用されていた隠語には、大使館を意味する「ファイアー・ブリク（耐火レンガ）」、外務省を意味する「イコーリティ（平等）」、ヘリコプターの隠れ場所を意味する「フィグ・バー（イチジク入りのスナックバー）」、領事部庁舎を意味する「フロッグ・レッグ（カエルの脚）」、大使館向かいのスタジアムを意味する「グレープバイン（ブドウのツル）」などがあった。（Lenahan, 132）。「レッド・バーン（赤い納屋）」はワディ・ケナの指揮所を意味し、ヴォート少将は「フォアマン（親方）」であった。マシーラ島に開設された予備指揮所は「グラベル・ピット（砂利採取場）」と呼ばれた。ベックウィズ大佐は「イーグ

4月24日、ワディ・ケナで最終準備を整えるデルタ。この作戦中にデルタが着用していたのは、標準の戦闘靴、ブルージーンズ、黒のニットキャップおよび黒色に染められたアメリカ陸軍のフィールド・ジャケットであった。ジャケットの肩部に貼り付けられたテープの下には、アメリカ国旗が隠されていた。強襲作戦が開始されると、人質や隊員同士の識別を容易にするためにテープをはがすことになっていた。兵士であることを少しでも分かりにくくするため、髪の毛は通常よりも長めにしていた。隊員たちは、敵地である砂漠の中で単独でも戦闘行動を継続できるように、2日分の水および糧食を携行していた。革製のホルスターに収められているのは、デルタが自衛火器として選定した45口径のM1911拳銃である。(DoD)

ル（ワシ）」、カイル大佐は「ウッドペッカー（キツツキ）」であった（Kyle, 223）。

デルタがワディ・ケナにいる間に、あるニュースがもたらされた。人質となっていた大使館料理人の一人が釈放され、偶然にも、イランから出国する民航機に乗り合わせたＣＩＡ職員の隣の席に座ったというのである。人質が拘束されている場所に関する貴重な情報が直ちにデルタへと伝えられた。それは、人質のほとんどが大使館本館の1階に拘束されており、マッシュルーム・インおよび大使公邸に拘束されているのは少数であるという、それまでとは異なる情報だった。ただし、この情報に関しては当該ＣＩＡ職員が真の情報源を保護するため、すでに入手済みだった情報の伝達を遅らせたとも言われている（Boykin, 125）。

人質の拘束場所に関する情報を得たベックウィズ大佐は、隷下部隊への目標の割り当てを若干修正しレッド・チームがより多くのオペレーターを大使館本館に投入できるようにしたが、救出部隊の規模を縮小するつもりはなかった。その上で、この偶然に入手できた情報の真偽は疑わしいと指揮所に返信した。「常続的にアクセスできる検証済みの情報源から得られた確実な情報がない限り、すべての建物を掃討しなければならない。さもなければ、人質の一部を救出できない可能性がある。」

4月22日、ヴォート少将はＡＣ－130Ｈの搭乗員に対する作戦ブリーフィングを実施した。そこで強調されたのは、この作戦におけるＡＣ－130Ｈが果たすべき役割の重要性であった。救出された元人質たちを乗せたヘリコプターがマンザリエ飛行場に集結する最終段階においては、特に重要であった。

ヴォート少将は、ＡＣ－130Ｈガンシップは元人質を乗せた輸送機がマンザリエ飛行場を出発するまで、その空域で待機し続けなければならないと述べた。もし、離脱するガンシップがいたならば撃ち落とすかも知れないとも言った。それはヴォート少将流の演出であったが、非常に重要なポイントをついていた。そして、次の言葉が続いた。「もし燃料が足りなくなったら、マンザリエ飛行場に着陸し、機体を破壊処分しても構わない。搭乗員は必ず救出する。」さらに、次の言葉を付け加えた。「心

空母「コーラル・シー」で発艦準備を完了したA-6イントルーダーおよびF-4NファントムII。A-6は第14空母航空団、F-4は第323海兵隊戦闘攻撃飛行隊（VMFA-323）「デス・ラットラーズ」の所属機である。イランは、パーレビ政権の間に約200機のファントムを調達していた。1980年4月の時点で、そのうちの何機が任務可能状態で残っているのかは分かっていなかった。（DoD）

空母ニミッツの甲板上で戦闘準備を完了したF-14トムキャット。右翼に赤色および黒色を組み合わせた特別な作戦用標識が塗装されているのが第41海軍戦闘攻撃飛行隊（VF-41）「ブラック・エース」所属機（手前）。右翼に黄色の作戦用標識が塗装されているのが第84海軍戦闘攻撃飛行隊（VF-84）「ジョリー・ロジャース」所属機（奥）。パーレビ政権がイラン軍の増強を進めていたその間に、イランには79機のF-14が売却されていた。このため、アメリカとイランのF-14同士が彼我を見誤る可能性が十分にあった。イラン空軍内では革命によって多くのパイロットや地上勤務員が粛清されたり亡命したりしていたが、それがF-14の運用に及ぼしている影響は分かっていなかった。（DoD）

配するな。ジミー（カーター大統領）が新しい飛行機を買ってくれるさ。」（Walter, 14）。

4月23日、国防総省の計画担当者からの提案により、ライス・ボウル作戦の実行段階は、「イーグル・クロー作戦」と改名された。そのほうが「ライス・ボウルよりも力強いイメージを将来に残せる」と考えられたからである（Lenahan, 127）。

4月23日、すべてのC-130がマシーラ島への配備を完了した。その後、プロペラが黒一色に塗り替えられ、機体番号や黄色の警告・救出標識がすべて塗りつぶされた。機体の下面も黒色に塗装しなおされた。搭乗員たちは、歴史上重大な事件となるであろう作戦の開始を前に、機体の前で記念写真を撮った（Thigpen, 215）。その時にパイロットの一人が、もうここに戻って来られないのではないかという悪い予感を口にした。その理由を問われると、「そう思っただけだ」と答えた（Uttaro, 32）。

オマーン湾に浮かぶアメリカの艦船に乗艦したまま何ヵ月も待機してきた乗員たちには、何かが起ころうとしていることが分かっていた。空母ニミッツおよび空母コーラル・シーが配置に就いてから24時間体制で監視を続けていた戦闘空中哨戒機のパイロットは、周辺をH-53ヘリコプターが飛行していても、無線での報告を行わないように命じられていた（Ardaiolo）。数日前からは、空母ニミッツとその護衛艦からの無線送信がすべて停止された。補助軍用無線局（Military Affiliate Radio System, MARS）を介した乗員と家族の間の福利厚生通信も遮断された（Brennan）。

救出作戦の交戦規定には、視覚による彼我の識別が要求されてい

4月24日の早朝、ワディ・ケナで作戦準備中のデルタに向かって訓示するチャールズ・ベックウィズ大佐。(DoD)

た。このため、空母ニミッツおよび空母コーラル・シーに搭載されたアメリカ軍機には、視認性の高い特別な標識が塗装された。空母ニミッツに搭載された第41海軍戦闘攻撃飛行隊（VF－41）「ブラック・エース」所属のF－14には、右翼に2本の細い黒色の帯に挟まれた広い赤色の帯が塗装され、第84海軍戦闘攻撃飛行隊（VF－84）「ジョリー・ロジャース」所属機には、右翼に2本の細い黒色の帯に挟まれた広い黄色の帯が塗装された。空母コーラル・シーに搭載された第323海兵隊戦闘攻撃飛行隊（VMFA－323）「デス・ラトラーズ」のF－4NファントムIIには、右翼に赤色と黒色の格子模様が塗装され、第531海兵隊戦闘攻撃飛行隊（VMFA－531）「グレイ・ゴースト」所属機には、右翼に黄色と黒色の格子模様が塗装された。空母コーラル・シーに搭載されている第14空母航空団のA－7およびA－6には、赤色および黒色を組み合わせた標識が塗装された。

パイロットたちには、事態が悪化した場合に発動されるエスカレーション・プランについてのブリーフィングも前もって行われていた。空母コーラル・シーのA－7コルセアは、F－4ファントムの掩護を受けながら、イラン港への爆撃を行うことになっていた。A－6イントルーダーは、デザート・ワンに向かい、テヘランまで片道飛行を行うヘリコプターを同行掩護することになっていた。イントルーダーのパイロットたちは、拳銃（38口径）用の予備弾薬も携行することになっていた(Ardaiolo)。大使館の強襲が失敗し、人質や救出部隊が処刑された場合には、このイントルーダーおよびイラン上空を周回飛行しているAC－130ガンシップが、ありとあらゆる目標に対して報復攻撃を行うことになっていた。

捜索救難機などの支援機の搭乗員たちは十分な休息を取り、いかなる事態にも対応できる態勢を整えるように指示された。強襲作戦当日、捜索救難ヘリコプターの搭乗員たちは、携行弾薬の受領を完了した。何が起ころうとしているのかを正確に把握している者はほとんどいなかったが、指揮所における指揮幕僚活動は忙しさを増していた（Bancroft）。作戦地域全体において、アメリカの軍事活動が活発化していたが、敵には察知されていなかった。すべての準備が整った。

実行

1980年4月24日の早朝、ワディ・ケナの古い格納庫に部下たちを集合させたベックウィズ大佐は、隊容検査および最終ブリーフィングを実施した。隊員たちは、アメリカの対テロ作戦を担うエリート隊員に見えないように着意していた。多くの隊員が髪を伸ばしてあごひげを生やし、ブルージーンズ、カーキまたは黒の一般的なシャツ、標準の黒の戦闘靴、黒のフィールド・ジャケット、黒のニット帽を身に着けていた。ジャケットに縫い付けられているアメリカ国旗は、黒いビニール・テープで覆い隠されていた。強襲作戦が開始されると、テープをはがして国旗が見えるようにすることになっていた。

イランに侵入する隊員の標準武装は、CAR-15 5・56mmライフルおよび45口径のM1911ピストルであった。加えて、11個の5・56mm弾倉、2個の45口径弾倉、ボルト・カッター（鉄線切断工具）、ケブラー製の防弾ベスト、水筒、ナイフ、M17A1防護マスク、糧食、敵地脱出キット、およびアメリカとイランの通貨に分けられた10,000ドル分の現金を携行していた。一部の隊員は、爆薬、5ガロン（約19リットル）の水タンク、M72A2 LAW（Light Anti-tank Weapon, 軽対戦車火器）、機関銃用予備弾薬なども追加で装備していた（Vining）。

ベックウィズ大佐は、木製の式台の上に立つと、デルタに向かって次のように訓示した。

> 我々は、作戦を開始し、53人のアメリカ人を連れて帰る。私は、人質全員を救出するまで、ここに戻ってくるつもりはない。我々は、あらゆる準備を整えてきた。あとは、作戦を実行するのみである。諸官が各自の任務を完遂してくれることを確信している。（Boykin, 127）

それからヴォート少将が聖書のイザヤ書の言葉を引用しながら短い訓示を述べた。

> 「わたしはだれをつかわそうか。だれがわれわれのために行くだろうか」。その時わたしは言った、「ここにわたしがおります」

そして、隊員たちの顔を見ながら言葉を続けた。

> 諸官は、今、国家の期待を背負っている。前に進み出て、声を上げよう。「ここにわたしがおります。わたしをおつかわしください」神のご加護を（Boykin, 127）。

続いて、ジェリー・ボイキン少佐がヴォート少将に代わって式台に上り、サムエル記上17章を朗読しながら、デルタと共に祈りをささげた。

> ダビデは手を袋に入れて、その中から一つの石を取り、石投げで投げて、ペリシテびとの額を撃ったので、石はその額に突き入り、うつむきに地に倒れた。こうしてダビデは石投げと石をもってペリシテびとに勝った。

その後、デルタの運用士官ルイス・H・「バッキー」・バラス少佐が「アメリカに

4月24日の早朝、ソビエトによって放棄されていたワディ・ケナの格納庫の中で、集まったデルタ・オペレーターたちと共に短い祈りを捧げるジェリー・ボイキン少佐。朗読されたのは、サムエル記上17章1であった。（DoD）

神のご加護を」と祈りを捧げた。デルタは、マシーラ島の前方中継基地に向かう輸送機への搭乗を開始した(Rice, 4)。数時間後にマシーラ島に到着すると、カイル大佐による最終確認を受けてデザート・ワンへの移動準備を整え、軽い食事と短い休息をとった。数ヵ月にわたって訓練を積み重ね、人質たちの命運と祖国の名誉を背負った隊員たちは、ランプを上って機内に搭乗し、最終命令を待った。

ＭＣ－１３０Ｅ編隊の長機であるドラゴン1には、ベックウィズ大佐、カイル大佐、デルタ・オペレーターの一部、2名のイラン元将軍、12名のレインジャー障害構成チーム、6名のイラン人トラック運転手、7名のペルシア語のできるアメリカ人運転手および複数の地上誘導員が搭乗していた。そのコンバット・タロンには、機関銃を装備したＭ１５１ジープおよびオートバイも搭載されており、障害の構成や、地上誘導員による滑走路への標識の設置に使用されることになっていた。

4月24日11時00分(国際標準時)[2]、ヴォート少将は、最終ブリーフィングを行った。ソヴィエトのスパイ・トロール船や海軍艦船は発見されておらず、イランへの経路に異状はなく、天候は良好と見積もられ、すべての装備品および隊員の準備が完了していた。12時30分(国際標準時)、ヴォート少将は、作戦指揮官であるベックウィズ大佐、カイル大佐およびピットマン大佐に命令を下達した。「計画どおり作戦を実行せよ。準備は万全である。幸運を祈る」(Lenehan, 130)。

14時05分(国際標準時)、ＭＣ－１３０Ｅの長機(コールサイン：ドラゴン1)のパイロットは、エンジンの回転を上げ、滑走路から離陸し始めた。その後方には、他の50名のデルタ・オペレーターが搭乗したドラゴン2、そして最後には残りのデルタ・チームおよび3名の海兵隊給油要員が搭乗したドラゴン3が続いた。次に離陸したＥＣ－１３０Ｅ(リパブリック4、5、6)は、それぞれが3,000ガロン(約11キロリットル)のブラダー・タンクを2個ずつ搭載していた。厳格な電波封止のため、離陸順序を混同したドラゴン3とリパブリック6が危うく衝突しそうになった。リパブリック6は、衝突を回避するため滑走路から逸脱した。両方の機体は一旦停止し、機上整備員が機体に異常がないことを確認した後、離陸を再開した。

空母コーラル・シーで戦闘準備を行う第14空母航空団のA-7コルセアII。同航空団のA-7およびA-6には、赤と黒の識別標識が塗装された。強襲作戦間にイラン軍とアメリカ軍との間に空中戦が生じた場合、目視による彼我の識別が困難になる可能性があった。多数の航空機が飛行しているからだけではなく、その中にはパーレビ国王がイラン軍を創設した際に購入したアメリカ製の航空機が混じっている可能性もあったからである。(DoD)

15時31分(国際標準時)、ドラゴン1は計画どおりに他の機体よりも1時間以上先行し、高度250フィート（約76メートル）の低空飛行でイラン領空に進入した。最初の稜線に到達すると、高度6，000フィート（約1，829メートル）まで上昇し、その後、再び降下した。それ以外は、イラン軍防空網に探知されることを避けつつ燃料を節約できるように、1，000フィート（約305メートル）から3，000フィート（約914メートル）の高度を維持した。危険な飛行だったが、何事も起こらなかった。幾度となく予行を繰り返してきた作戦が、ようやく現実のものになろうとしていた。貨物室内に座ったり、寝そべったり、壁に寄りかかったりしている隊員たちは、48時間以上の地上活動および不測事態発生時の戦闘行動に必要な装備、火器、弾薬、食料ならびに水を携行していた。イラン軍機からの攻撃に備えて、レッドアイ携帯型対空ミサイルを携行する隊員も搭乗していた。その2名の隊員は、第82空挺師団から配属されていた（Vining）。

第323海兵隊戦闘攻撃飛行隊（VMFA-323）「デス・ラトラーズ」のF-4NファントムII。空母コーラル・シーに搭載されている間に、赤色の幅広の帯および2本の黒色の幅狭の帯を組み合わせた特別な作戦用標識が応急的に塗装された。（DoD）

　編隊がイランに進入した時点では、航法機器も正常に作動していた。離陸時に起きた事案を除き、飛行は計画どおりに進捗していた。搭乗員からの指示は、貨物室にいる隊員たちに逓《てい》伝で伝えられた。隊員たちは、状況の推移を淡々と把握していた。親指を立てる者もいたし、単純にうなずく者もいた。すぐに眠りに戻る者もいた（Fitch）。

　その時、搭乗員たちの間に緊張が走った。薄いかすみが機体を包み込み、月の光を遮ったのである。パイロットとカイル大佐は、それを重大な影響を及ぼすものではないと判断した。無線封止が敷かれる中、他機への通報は行われなかった。

　その後まもなく、イランから約320マイル（約515キロメートル）内陸の地平線上に別のかすみの層が出現した。今回のかすみはより厚く、視程が1マイル（約1・6キロメートル）未満まで大きく低下した。月の光が頼りのNVGは、役に立たなくなった。詳細にわたる計画が立案されブリーフィングが実施されてきたにも関わらず、悪天候に遭遇した場合の対処要領は何も示されていなかった（Uttaro, 29-31）。搭乗員たちが遭遇していたのは、ハブーブと呼ばれる砂嵐であった。その細かい砂塵の層は、冷たい空気の吹き降ろし流が砂漠の表面に当たって外側に吹き出し、砂塵を空中に巻

第 41 海軍戦闘攻撃飛行隊（VF-41）「ブラック・エース」の F-14 トムキャット。赤色の幅広の帯および２本の黒色の幅狭の帯を組み合わせた特別な作戦用標識が右翼に塗装されている。このトムキャットには、サイドワインダーとスパロー・ミサイルが混載されている。（DoD）

き上げることによって生じる。その高さは、強風時には最大１０，０００フィート（約３，０４８メートル）にも達する。ドラゴン１およびその後続機が突入しようとしていたのは、直径１００マイル（約１６１キロメートル）以上の巨大なハブーブであった。カイル大佐は、高温の中、吹き荒れる強風と砂塵に不安を感じた。この状況を他の作戦参加部隊に通報しようとし、無線通信手に暗号通信の準備を命じた。しかし、その実施は、保全上の制約により困難を極めた。秘匿通信機能のあるTACSAT WS-3無線機を使用していたにもかかわらず、作戦保全上の要求から、すべての無線は暗号化されなければ送信できないことになっていた。照明が消された貨物室内では、無線通信手が正確な通信文を作成するのは不可能であった。結局、送信は見送られた（Thigpen, 221）。

30分後、編隊は、その2番目のハブーブを通過した。デザート・ワンまで1時間以内の距離となり、天候も回復した。目的地まで5マイル（約8キロメートル）の地点に到達すると、ドラゴン1の地上誘導員は、4月1日のツインオッター作戦で埋設していたＴＡＣＡＮＳ（Tactical Air Navigation System，戦術航法システム）およびビーコンを遠隔操作で起動させた。イラン軍の防空網を潜り抜けることにも、成功したようであった。次の問題は、無事に着陸できるかどうかであった。

デザート・ワン

ドラゴン1は、着陸位置を正確に把握するため上空通過を何回も繰り返した後、4回目に着陸を行った。計器誘導およびＮＶＧ、そしてパイロットの感覚を駆使して着陸したものの、砂を巻き上げながら激しく接地し、機体下部のレドームが引きちぎられ、機体外板にいくつかの亀裂が生じた。機内では、まるでプロペラの推力を減じずに着陸したかのように特殊作戦部隊員たちが座席から跳ね上げられた。18時10分（国際標準時）、ついにアメリカ軍特殊作戦部隊がイラン国内に降り立った。

最初に上空を通過した時、1台のトラックが道路上を走行する姿がＦＬＩＲ（Forward-Looking Infrared Radar，近距離暗視装置）によって捉えられていた。トラックの接近を知らされたレインジャーたちは、着陸後直ちに攻撃できるように準備を整えた。デルタの情報士官ウェイド・イシモト大尉が指揮するレインジャーおよびデルタの一部は、ドラゴン1が着陸・停止するやいなや対応行動

空母コーラル・シーに搭載され、兵装を完了した第531海兵隊戦闘攻撃飛行隊（VMFA-531）「グレイ・ゴースト」のF-4NファントムII。右翼には、黄色の幅広の帯および2本の黒色の幅狭の帯を組み合わせた特別な作戦用標識が塗装されている。サイドワインダー空対空ミサイルの装備は、作戦を妨害するイラン軍機があれば撃墜するというアメリカの意志を示している。（DoD）

を開始し、ジープとオートバイでトラックを追跡しはじめた。

1名のレインジャー隊員が、トラックを停止させようとしてM72A2 66mm LAWを発射した。ロケット弾が命中したトラックは、その隊員の意に反して大きな火の玉となって燃え上がり、夜空を明るく照らした。かろうじて脱出したトラックの運転手はどこからともなく現れた2台目のトラックに乗り込み、闇の中に消えていった。オートバイでトラックを追いかけていたレインジャー隊員は、砂漠の奥へと入り込む前に追跡を断念した。そのトラックに乗っていた男たちは、燃料密輸業者であったと推測された。彼らはイラン治安部隊の攻撃を受けたと思い込んでいるはずであり、この事件を誰かに通報することはないだろうと考えられた。

その時、1台の民間バスが突然現れた。ドラゴン1は、まるでラッシュアワーの真っ只中に着陸したかのようであった。イシモト大尉は、「伏せろ！」、続いて「そのバスを止めろ！」と叫んだ（Vining）。デルタはバスを追跡してその前方に向けて40mmグレネードを発射し、エンジン・ブロックに小銃弾を浴びせた。バスはスリップしながら停止した。バスに突入したデルタは、乗客に向かって「動くな」と叫んだ。バスの中には44人の民間人がいたがいずれもイラン人の老人や子供ばかりであった。ヤズドからタバスに向かう途中で偶然にも、作戦中のアメリカ軍に出くわしてしまったのである。

乗客を降ろしたバスは、後続機の降着を妨げないように人力で道路沿いに120フィート（約37メートル）移動させられた。民間人である乗客の中には、いきなり戦場の真っ只中に飛び込んでしまったことを知って泣きじゃくる者もいた。デルタの先任医官であったカールトン・セイボリー医師は、いつの間にか乗客たちを保護する

ワディ・ケナで主要指揮官たちと作戦の再確認を行うベックウィズ大佐（右側の薄いカーキ色のシャツを着て腰に手を当てている）とヴォート少将（オリーブグリーンの戦闘服を着てカメラに背を向けている）。45口径のピストルがホルスターに収められているのが確認できる。何ヵ月にもわたって大使館突入の訓練を続けてきた救出部隊は、作戦開始まで数時間を残すのみとなった。（DoD）

ワディ・ケナで出発準備を整えるデルタ。デザート・ワンおよびデザート・ツーでの行動に備えて大量の携行品を準備していたことが分かる。背景には、5ガロン（約19リットル）の水タンクを背負っている隊員も見える。（DoD）

役割を担っていた（Rice, 5）。

カーニー少佐が率いる地上誘導員たちは、デルタやレインジャーが車両と交戦している間に降機を完了し、到着してくる残りの輸送機とヘリコプターの受け入れ準備に取り掛かった。炎上するトラック、走行不能になったバスおよび数十人の民間イラン人の捕虜という予定外の状況が生じたことから、指揮系統を通じて判断を仰ぐ必要があった。カイル大佐はワディ・ケナにいるヴォート少将を呼び出し、ヴォート将軍は国防総省にいるジョーンズ大将を呼び出して、予期せず複数の車両に遭遇したものの任務は続行できることを報告した。「作戦続行を意見具申します。ここは、人里離れた遠隔地です。しかも、土曜日の夜です。作戦を困難にするような重大な問題が直ちに生じる可能性はありません」とヴォート少将は大統領顧問であるジョーンズ大将に言った。「了解」とジョーンズ大将は答えた。作戦は、引き続き「ゴー（実施）」であった。乗客たちは、ドラゴン1でマシーラ島に連れ出され、作戦終了後にイランに戻されることになった。

バスの警護任務を終了したセイボリー医師はベックウィズ大佐のところまで歩いて来ると、砂漠を照らしながら燃えさかる残骸を指しながら冗談を言った。「これで、ヘリコプターが我々を発見しやすくなりましたね」（Rice, 5）。

バスへの射撃や燃料タンク車の爆発による混乱の中、作戦を支援するため同行していたイラン元将軍の一人は、作戦部隊がイランからの攻撃を受けたと思い込んだ。その元将軍は、反撃を準備する代わりに、自分の武器をドラゴン1に投げ込んで隠してしまった。ベックウィズ大佐は、彼を殴りつけるとバスの乗客と一緒にエジプトに

1980年4月24日、空母ニミッツの飛行甲板で最終準備を行うRH-53D。これらのヘリコプターには、ブルービアード1から8までのコールサインが割り当てられていた。巨大な機体が発艦のために縦列隊形をとると、空母ニミッツの飛行甲板はほぼすべてが埋め尽くされた。(DoD)

戻るように命じた。その元将軍のピストルは、ドラゴン1のどこにあるか分からなかった。マシーラ島に向かう途中でバスの乗客に発見される可能性があったため、乗客を空輸する機体はドラゴン3に変更された。

他の輸送機が進入を開始したが、いずれも簡単には着陸できなかった。1回目では着陸できなかったり、予想以上に激しい着陸となったり、他の機体と衝突しそうになったりした。2機目の輸送機から降り立ったデルタ・オペレーターたちは、燃えさかる燃料タンク車を背景に立つデルタのルイス・バラス少佐の挨拶で迎えられた。「第三次世界大戦へようこそ！」(Boykin, 131)。人里離れた砂漠は、混雑した空港のような様相を呈し始めていた。カーニー少佐が指揮する6名の地上誘導員は、降り立った輸送機をそれぞれの卸下・給油地点へと巧みに誘導した。

イラン内陸部に突然現れた仮設飛行場で、隊員たちは、ヘリコプターの給油に使用する燃料ホースを配置したり、重い偽装網などの装備品を卸下したりするために猛烈に働いた。レッド・バーン（ワディ・ケナに開設された指揮所）は、デザート・ツーに潜入している諜報員たちから「すべての商品は棚に並んでいる」という報告を受けた。それは、作戦を次の段階に進める準備が整っていることを意味した。滑走路の北側には、リパブリック4および5がおおむね北東方向に機首を向けて駐機していた。道路の南側には、リパブリック6がこれもおおむね北東方向に機首を向けて、ドラゴン3が南西方向に機首を向けて駐機していた。19時30分（国際標準時）、デザート・ワンは次の作戦段階に移行する準備を完了した。カイル大佐は、全機の駐機が完了し、計画どおりドラゴン1および2をマシーラ島に帰投させることを無線でレッド・バーンに報告した（Kyle, 277）。

隊員たちの頭には、同じ疑問が浮かんでいた。ヘリコプターはどこにいるのだ？ すべての給油ホースが配置され、次の作戦段階で必要な装備品の搭載準備も整っていた。ヘリコプターの到着は、予定から約1時間も遅れていた。イランでの日の出は01時30分（国際標準時）だった。ヘリコプターに燃料を補給し、人員や装備品を搭載し、隠れ場所まで移動するには、ほとんど時間が残っていなかった。ヘリコプターが着陸する前に日の出を迎えてしまった場合、予定していた隠れ場所より手前にヘリコプターを着陸させて隠せるような場所があるだろうか？ もう一つの問題は、デルタが予定時刻に到着できなかった場合、テヘラン、デルタの降機地点およびヘリコプターの隠れ場所にいる連絡員や諜報員たちはどうするのかということであった。メドウズとアルージは、デザート・ツーの少し手前にあるデルタの降機地点で無線を聞きながら待機していたが、何も聞こえてはこなかった。それは、何らかの問題が生じ、計画が予定どおり進捗していないことを示す兆候だった（Hoe, 158）。

ヘリコプターの飛行

13時30分（国際標準時）、ヘリコプターの搭乗員たちは、イラン南海岸の58マイル（約93キロメートル）沖合に浮かぶ空母ニミッツで、最終作戦ブリーフィングに参加した。天候は、晴れと予報されていた。塵雲が発生する可能性があったが、作戦の実行に及ぼす影響はないと判断された。気温は華氏85度（摂氏約29度）に達すると予測されたが、デザート・ワンを通過すれば北上するに従って低くなると考えられた。ブリーフィングに先立ち、ヘリコプターが甲板に搬出され、飛行準備が開始された。巨大なテール・ブームが元の状態に戻され、ローターが広げられた。通常は灰色と白色の機体で埋め尽くされている空母に、デザート・タンにカモフラージュ塗装された機体が並ぶのは奇妙な光景であった。搭乗員たちの中に、どこに向かうのかという疑問を抱いている者はもはやいなかった。彼らを率いていたのは、ベトナムでH－53を操縦し捜索救難任務を遂行してきたエドワード・サイファート海兵隊中佐であった。

サイファート中佐は、ヘリコプター編隊を率いて海抜高度わずか200フィート（約61メートル）の低空を飛行し、北西方向に向かうことになっていた。ヘリコプターには低高度での飛行が求められるのが常であるが、具体的な飛行高度が最終的に示されたのはそのブリーフィングの時のことであった。その高度は、イランのレーダー防空網が予想していたよりも高い能力を有しているという誤った情報に基づいて設定されていた。ヘリコプター編隊は、チャバハールの西約60マイル（約97キロメートル）の地点からイラン国内に進入し、判明しているイラン防空システムの射程距離外を飛行して、合流地点であるデザート・ワンに向かうことになっていた。

14時45分（国際標準時）、搭乗員たちはヘリコプターに乗り込み、エンジン始動を開始した。誰もが驚きそして喜んだことに、ブルービアード1からブルービアード8までのすべての機体のローターが回転し始めた。15時06分（国際標準時）、8機すべてのヘリコプターが発艦した。編隊長であるサイファート中佐は、長機であるブルービアード1を操縦していた。その機体には、デルタの無線通信手も搭乗していた。長機の後ろには、海兵隊パイロットのB・J・マクガイア大尉が操縦するブルービアード2、海兵隊パイロットのジ

通常のネイビー・ブルーの塗装および標識のまま、空母ニミッツの上空で時間飛行を行う6機のRH-53D。第16機雷掃海飛行隊（Mine Counter Measures Sqn HM-16）の所属機であるこれらの機体は、空母キティ・ホークでインド洋まで運ばれ、1979年1月に空母ニミッツに搭載された。（DoD）

4月24日、ワディ・ケナからマシーラ島へと向かうC-141に搭乗するデルタ。隊員たちは、この複雑かつ大胆な作戦の成功を確信していた。カメラに顔を向けている隊員は、CAR-15ライフルを携行している。この24時間後、隊員たちは、デザート・ワンを超えることができずに戻ってくることになる。（DoD）

ム・シェーファー少佐が操縦するブルービアード3、そして海兵隊パイロットのバーニー・オールドフィールド大尉が操縦するブルービアード4が続いた。第1－79統合任務部隊（JTF1－79）のヘリコプター作戦担当副司令官であるチャック・ピットマン海兵隊大佐は、ロドニー・デイビス海兵隊少佐が操縦するブルービアード5に同乗していた。ブルービアード5にもデルタの無線通信手が搭乗しており、外務省での作戦に長機として投入されることが予定されていた。その後には、海兵隊パイロットのウィリアム・ホフ少佐が操縦するブルービアード6、L・C・ウォルト海兵隊少佐が操縦するブルービアード7、そして最後尾に海兵隊パイロットのジェームス・リンダーマン大尉が操縦するブルービアード8が続いた。空母ニミッツからアメリカ政府に、良い知らせが伝えられた。「8機のヘリコプターが甲板から発艦。目的地に向け前進中！」

ヘリコプター編隊は、オメガ・システムとパレット搭載型慣性航法システム（Palletized Inertial Navigational System, ＰＩＮＳ）を使って経路を確認しながら、千鳥隊形でイラン沿岸に向けて飛行した。低い周波数を利用するオメガ・システムは、地形や天候による影響を受けやすかった。海を渡っている最中に、編隊の上空を合流地点であるデザート・ワンに向かうＭＣ－１３０Ｅタロンがイラン沿岸方向に飛行してゆくのが見えた。それは、作戦が計画どおりに進捗していることの確かな証であった。15時18分（国際標準時）、ヘリコプター編隊は、厳格な無線封止の中をわずか２００フィート（約61メートル）の高度でイラン国内に侵入した。

夕暮れになるとすぐに航法機器に問題が生じ始めたが、視程が良好である限り特に問題とはならなかった。飛行開始から2時間後、イラン国境からわずか１４０マイル（約２２５キロメートル）の地点で、ブルービアード6に不具合の兆候が現れた。ＢＩＭ（Blade Inspection Method, ブレード使用不可状態指示器）の警報灯が点灯したのである。海兵隊のパイロットにとって、それはヘリコプターのブレードに圧入されている窒素ガスが漏洩していること、つまり、ローターに損傷が発生し墜落する可能性があることを意味した。しかし、実際には作戦に使用されていた海軍のＲＨ－53Ｄには新しいシステムが装備されており、点灯した警報灯は差し迫った故障の発生を示すものではなかった。ブルービアード6の搭乗員は複数の軍種で構成されており、ＲＨ－53Ｄでの飛行経験の有無もさまざまであったが、このことについて正しい知識を持った者はいなかった。警報灯が点灯した場合の解釈に混乱があっても、やむを得ない状態だったのである。

海軍のＲＨ－53Ｄの警報灯が本当に意味することを知らないまま飛行の継続が不可能であると判断した搭乗員たちは、ブルービアード6をイラン領土内に着陸させた。ブルービアード8は、ブルービアード6の状況を確認するため、編隊から離脱しその近くに着陸した。ブルービアード6に生じていた問題は、ＢＩＭ警報灯だけではなかった。着陸により機体下部が砂の中に埋もれてしまったのである。このため、ＢＩＭの点灯を無視することにしたとしても、飛行を再開できる見込みはなかった。ブルービアード6の隊員たちは、直ちにブルービアード8に乗り換えることを決心した。ブルービアード8は、離陸してデザート・ワンに向けて北進を再開し、他の機体を追った。編隊の飛行は、予定より遅れはじめた。パイロットの一人が叫んだ。「皆、俺たちを待っていてくれ！」(Bancroft)。17時45分（国際標準時）、一部のヘリコプターの搭乗員は、デザート・ワンで合流を予定している4機のＣ－１３０が編隊の上空を同じ方向に通り過ぎてゆくのを目撃した。搭乗員たちは、計画どおりに作戦が進捗していることを再び確信した。厳しい無線封止のため、先行している輸送機がハブーブに遭遇していることは把握できていなかった。

そこからさらに進んだところで、ヘリコプターは最初のハブーブに遭遇した。薄い塵雲により、視程が１／４マイル（約４０２メートル）から１／３マイル（約５３６メートル）に減少した。それまでローター間隔１００フィート（約30メートル）ほどで飛行していた編隊は、安全を確保するため間隔を広げ始めた。ただし、約１２０ノット（時速約２２２キロメートル）の速度および２００

フィート（約61メートル）の高度は維持された。搭乗員たちは、そのハブーブを無事に通過し、飛行を継続した。砂塵が消えた時、ブルービアード1、2、3、4、5および7は、お互いを視認することができた。ブルービアード8は、一旦着陸してブルービアード6の搭乗員をピックアップしていたため、少なくとも15分遅れていた。

最初のハブーブを通過してから50マイル（約80キロメートル）も飛行しないうちに、2番目のはるかに巨大なハブーブに遭遇した。今度は、さらに濃密な雲が100マイル（約161キロメートル）以上先まで伸びていた。搭乗員たちはNVG（Night Vision Goggle，暗視眼鏡）を使用していたが、事実上、盲目状態になった。視程わずか数百メートルの中をなんとか前進しようとする搭乗員たちを悩ませたのは、バーディゴ（空間識失調）であった。華氏100度（摂氏約38度）以上のコックピット内には、息を詰まらせるような粉塵が立ち込め、搭乗員たちの操縦をいっそう困難にした。

ヘリコプターは、赤色の衝突防止灯を点灯していてもお互いの機体を見失うようになった。ブルービアード1のパイロットは、僚機であるブルービアード2以外の機体が見えなくなった。このため、じ後の行動を検討することとし、ブルービアード2と共に方向転換してハブーブの外に脱出してから着陸した。サイファート中佐は、特別な無線機を使用して指揮所に状況を報告した。短いやり取りがあった後、引き続き前進することが決定された。しかし、厳格な無線封止のため、ハブーブの大きさ、それを通過するのに要した時間、目的地までの残りの距離などの重要な情報が、ヘリコプターの間で共有されることはなかった。

他の機体の搭乗員たちは、ハブーブを通り抜けようと必死だったが、自分以外の機体を見失ってしまった。ブルービアード1および2は、他の機体は塵雲の中を飛行中であると予想し、離陸してハブーブの中を飛行し始めた。搭乗員たちはデザート・ワンに向かう経路が見つかることを期待し、他のヘリコプターも無事に通り抜けて目的地に到着できることを祈っていた。ブルービアード2は、ハブーブと戦っているさなかに作動油漏れが発生し始めた。これを通り抜けさえすれば修理ができることを期待し、引き続き前進することを決心した。

残念ながら、ヘリコプター編隊はさらなる困難に直面することになった。統合任務部隊のヘリコプター作戦担当副隊長であるチャック・ピットマン大佐が搭乗するブルービアード5の電気系統に故障が発生し、ほとんどすべての航法および飛行計器が作動しなくなったのである。パイロットはハブーブと戦い続け、高度を上げて通り抜けようと努力したが、塵雲から抜け出すことができなかった。僚機も確認できず通信もできない状態の中、他のヘリコプターと接触したり、険しい山に衝突したりする危険性があった。機体には、空母ニミッツまたは救出される可能性の高いオマーン湾まで戻るのに十分な燃料が残っていた。墜落のリスクを冒したくないと考えたピットマン大佐は、パイロットに引き返すように指示した。ハブーブを通り抜けたヘリコプターもあるかも知れないとは考えたが、自分たちがこのまま進めばあとわずか25マイル（約40キロメートル）でそこから抜け出られたことや、デザート・ワンからわずか145マイル（約233キロメートル）の場所までたどり着いていたことは分かっていなかった。

アメリカ政府では、大統領が顧問団を招集しミーティングを開いていた。「数機のヘリコプターが飛行を中断したという残念な連絡がありました」とカーター大統領は言った。同時に、長い間作戦に反対していたサイラス・ヴァンス国務長官の辞任が発表された。ただし、イランに軍事行動の兆候は見られず、（確認されている限りにおいては）6機のヘリコプターがまだ飛行していた。作戦は続行可能だった。

残りのヘリコプターは、デザート・ワンに向かって前進を続けた。航法機器は、ほとんど役に立たなかった。搭乗員が後に語ったところによれば、ある機器が左舷方向20マイル（約32キロメートル）、

占拠されたアメリカ大使館で見張りを行うイラン人の警戒要員。悪名高いMG-42の派生型である西ドイツ製のラインメタルMG-3を装備している。デルタは、強襲時のイラン人の抵抗は、それほど強くないだろうと予想していた。何ヵ月にもわたる監視活動および各種報道からの情報収集の結果、警戒・監視要員たちは練度が低く、その大半が抵抗することなく逃亡するだろうと考えられた。（Henri Bureau/Corbis/VCG, Getty Images）

別の機器が右舷方向30マイル（約48キロメートル）に目標地点を示すような状態であり、その真ん中を目指して飛行するほかなかった。ヘリコプターは、ようやく嵐から抜け出し、予定より1時間以上遅れてデザート・ワンに進入を開始したが、散り散りになって隊形を崩し、大きく揺れながら飛行していた。

20時22分（国際標準時）頃、ジム・シェーファー少佐が操縦する最初のヘリコプター（ブルービアード3）がデザート・ワンに到着した。レインジャーの射撃により燃え上がる燃料タンク車の上空を飛び越え、すべての輸送機を視認してから、着陸を開始した。ここまでの試練に完全に疲れ果てていたシェーファー少佐は、機体をハード・ランディングさせ、前脚を損傷させてしまった。

ベックウィズ大佐は激怒した。パイロットたちがハブーブと戦ってきたことを知らなかったからである。シェーファー少佐は自分たちが通り抜けてきたものを説明しようとしたが、ベックウィズ大佐にはそのハブーブがそれほどひどいものだとは思えなかった。自分たちがMC－130Eで飛んできたときには、そのハブーブはなかったからである。シェーファー少佐が自分のヘリコプターが飛行できるかどうか分からないと言うのを聞いたベックウィズは、怒りで爆発した。ベックウィズ大佐は、すでに困難は過ぎ去ったのであり、作戦は続行可能であるということを納得させようとした。しかし、搭乗員たちの動揺の激しさは、そのレベルを超えていた。

さらに2機のヘリコプターが夜空を突き抜けて着陸すると、ヘリコプターへの給油が開始された。その中には、油圧系統が故障したブルービアード2も含まれていた。地上にいた隊員たちを驚かせたのは、ヘリコプターが灯火を点灯したまま進入して来たことであっ

燃料タンク車の前進阻止
18時15分(国際標準時) ／22時45分(テヘラン時間) 頃

長機であるMC－130E(ドラゴン1)は、デザート・ワンに着陸進入中、道路上をこちらに向かってくる1台のトラックを発見した。隊員たちは、道路上を車が走っていることに驚いた。その道路は、タバスとヤズドの間に広がるカヴィール砂漠によって途絶していると思われていたからである。ただし、作戦計画立案者は、あらゆる不測事態に対する対処法をあらかじめ準備していた。通行する車両に遭遇した場合に備えて、作戦部隊には第75レインジャー連隊第1大隊C中隊の要員で構成された道路監視チームが加えられていた。そのチームの指揮官は、デルタのウェイド・イシモト大尉であった。

ドラゴン1が着陸するやいなや、後部ランプ・ドアが開き、デルタのイシモト大尉とレインジャーのロバート・ルビオ伍長がオートバイで砂漠を移動し、阻止の態勢を整えた。ブルージーンズ、黒染めのフィールド・ジャケット、黒のニット帽を身に着けたイシモト大尉は、伏せ射ちの姿勢をとり、CAR－15ライフルを発射した。トラックが接近を続けたため、緑色のアメリカ陸軍標準戦闘服を着用したルビオ伍長が、メルセデス・トラックのエンジンに向けてM72 LAW（Light Anti-tank Weapon, 軽対戦車火器）を発射した。

その66mmロケット弾は、エンジンではなく荷台の燃料タンクに当たり、砂漠を揺さぶるような巨大な爆発を引き起こした。運転手は、炎に包まれたトラックからかろうじて脱出した。NVG(Night Vision Goggle, 暗視眼鏡)を装備していなかったため気づいていなかったが、トラックのすぐ後ろにもう1台の車がいた。その小型トラックは急ブレーキをかけて停止すると、脱出した運転手を乗り込ませ、方向転換して暗闇の中に逃げ込んだ。

ベックウィズ大佐は、これらのトラックは燃料を密輸する闇商人たちのものであり、我々と遭遇したことをイラン当局に通報する可能性は低いと推測した。作戦は、引き続き「ゴー（実施）」であった。

イシモト大尉は、適切な装備が支給されていなかったことへのいらだちを何年にもわたって感じ続けることになった。「作戦に送り込まれた兵士たちは優秀な者ばかりでしたが、その装備や編成は全くなっていませんでした。非常に残念なことです。」(60 Minutes, 2001年10月23日)

た。ヘリコプターは、定められた方向から無灯火で進入することになっていた。レッドアイ対空ミサイル・チームがそのうちの1機を友軍機であると認識できたのは、それを撃墜する寸前であった(Vining)。

あるパイロットは、デルタのローガン・フィッチ少佐から会えて良かったと言われたが、苛立ちを隠せなかった。「少佐、我々がどんな経験をしたのか、あなたには分からないでしょう」とそのパイロットは言った。フィッチ少佐は、なんとか落ち着かせようとしたが、パイロットは首を横に振りながら言った。「この作戦は、中止しなければだめです」それがどういうことなのか分からなかったフィッチ少佐は、そのパイロットに「それは、どういう意味だ？　大丈夫か？」と聞いた。パイロットは「ヘリコプターは、大丈夫です」と応えた。「しかし、我々がどんな経験をしたのか、あなたには分からないでしょう」(Fitch)。

中止の決定

デザート・ワンには、エンジンを運転したままのC－130が巻き起こしていた騒音と熱風に、給油位置に移動するヘリコプターが巻き上げる砂塵が加わって、さらに劣悪な環境が生じていた。ヘリコプターの信頼性が低く再始動できない可能性があるため、エンジンは運転したままにされた。地盤は平坦で堅固だという情報に裏切られたパイロットたちは、渦巻く土埃やエンジンの轟音《ごうおん》にますます疲れ果てた。20時57分（国際標準時）、2機を除くすべてのヘリコプターが着陸したが、到着しない機体に何が起こったのかについてはまだ情報が錯綜していた。ただし、6機のヘリコプターが着陸していたことから作戦は続行可能であった。地上誘導員は優れた技能を発揮し、ヘリコプターを給油位置へと正確に誘導していた。ブルービアード3、4、および8は、リパブリック4から給油を受けることになっており、デザート・ワンを通り抜ける道路の北側に機首を北東に向けて駐機していた。ブルービアード1は、リパブリック6から給油を受けることになっており、同じく道路の北側に機首を北東に向けて駐機していた。ブルービアード2および7は、リパブリック5から給油を受けることになっており、道路の南側に機首を北東に向けて駐機していた。ドラゴン3は、道路の南側に機首を南西に向けて待機していた。

合わせて10機の輸送機とヘリコプターが降り立った地上には、悪夢のような光景が広がっていた。うだるような熱、耳をつんざくような騒音、吹き荒れる砂塵、燃え盛る燃料タンク車。真っ暗な闇夜の中、隊員たちはヘリコプターへの給油や人員・装備の搭載を急いだ。デザート・ワンには指揮所が開設されておらずまた、通常の戦闘服や階級章を身に着けている者は誰もいなかった。このため、吹き荒れる砂塵の中でなんとか互いを視認できたとしても、誰が担当者なのか分からなかった。地上にいる4人の指揮官は指揮系統が確立されない中、隊員たちと航空機の間を行ったり来たりしていた。それはまるでデルタのチャールズ・ベックウィズ大佐、空中部隊指揮官のジェームズ・カイル大佐、MC－130EおよびEC－130Eを担当するロバート・ブレンチ中佐、ヘリコプター搭乗員を指揮するエドワード・サイファート中佐が、それぞれ全く別の作戦を指揮しているかのようであった（Carney, 93）。

カイル大佐は、ワディ・ケナの指揮所に無線連絡し、こちらに向かっているヘリコプターが他にあるかを確認した。それを否定する返信があり、すべてのヘリコプターがすでに着陸していることが確認できた。ただし、ヘリコプターが2機少なくなったとしても計画は続行可能であり、運が良ければ夜明け前に隠れ場所にたどり着けるはずであった。

最初に到着したヘリコプター・パイロットの一人は、ベックウィズ大佐に作戦中止を検討すべきだと言った。そのパイロットは、この作戦を成功させるのは極めて難しいと感じていた（Bowden, 451）。ベックウィズ大佐は、その言葉に打ちのめされた。ベックウィズ大佐とその部下たちが激高する寸前になって、ヘリコプターの編隊がやっと着陸し始め、隊員たちの意識は次の作戦段階に移行するための行動へと向けられた。ベックウィズ大佐には、そのパイロットの言うことが理解できなかった。しかし、パイロットたちは、完全に動揺しており、自分たちがどんな経験をしたのかを懸命に説明しようとしていた。ベックウィズ大佐の中で、ヘリコプター・パイロットに対する信頼が再び揺らぎ始めた（Beckwith, 253）。別のデルタ・オペレーターは、パイロットたちは完全に疲れ果て、打ちのめされており、飛行中に遭遇したものによって作戦を続行する意志を喪失してしまっているように感じた（Vining）。

ベックウィズ大佐は、自分自身の心からパイロットに対する疑念を払拭しようとした。まだ、6機のヘリコプターが使えた。それは、必要とする機数をちょうど満たしていた。作戦は続行できるはずだった。大使館への強襲に使える機体が少なくとも1機減ることになるものの、デザート・ワンから先に進むための条件を満たす機数が確保できていた。作戦は、引き続き「ゴー（実施）」であった。

デザート・ワンに残されたリパブリック４およびブルービアード３の焼け焦げた残骸。後方には、無傷のRH-53D が見える。イラン人たちは、この事故を自分たちのための諜報活動およびアメリカの無力さを示すための宣伝活動に最大限に利用した。ベックウィズ大佐は、搭乗員や部下たちがヘリコプターを放棄する際に破壊しなかったことに激怒した。艦載機による破壊の要求も、イラン人に危害が及ぶ可能性があったことから、却下されてしまった。結果的に、持ち込むべきではなかった機密文書の宝庫がイラン人の手に渡ることになった。（Public domain）

これは想定されていた範囲内の事態であり、作戦は次の段階に向けて進められるはずだった。

残念ながら、それは、B・J・マクガイアが操縦するブルービアード2がローターを停止させるまでのことだった。油圧系統を点検していた当該機の搭乗員は、飛行制御装置のバックアップ・ポンプが焼き付いているのを発見した。それを聞いたベックウィズ大佐は、ヘリコプター部隊の指揮官であるサイファート中佐と言い争いになった。搭乗員たちは、この機体で作戦を続行することはできないと主張していた。ベックウィズ大佐は、その程度の問題でヘリコプターが飛行不能であると主張するパイロットたちが臆病に思えた。また、任務続行の意志を失っていると確信した。ベックウィズ大佐にとって最愛のデルタが初めての任務に失敗すること、そしてアメリカが人質救出に失敗することは、何としても避けなければならなかった（Beckwith, 251–253）。

ベックウィズ大佐はカイル大佐を見つけると、サイファート中佐を説得するように指示した。カイル大佐は、パイロットはヘリコプターが「ノー・ゴー（実施不能）」だと言っていると報告した。ベックウィズ大佐から怒鳴りつけられても、自分の立場を変えなかった。パイロットの決定を尊重しようとしたからである。ヘリコプターの状態を一番良く把握しているのはパイロットであり、カイル大佐はヘリコプターのパイロットではなかった。バックアップ油圧系統が機能しない状態では安全性を確保できず、墜落の危険性が高い状態での飛行を余儀なくされる（Kyle, 288）。ベックウィズ大佐はパイロットたちに飛行継続を命じたかったが、デザート・ワンで空中部隊を指揮しているのはカイル大佐であった。

この機体が飛行不能になると、救出作戦に使えるヘリコプターは5機になる。ベックウィズ大佐は、作戦開始前から、作戦を続行するためには6機のヘリコプターがデザート・ワンから離陸できなければならないと主張していた。時刻は、21時20分（国際標準時）であった。

レッド・バーンと呼ばれるワディ・ケナの指揮所にいたヴォート少将（コールサイン:フォアマン）は、アメリカ政府と連絡を取り、デザート・ワンの状況をジョーンズ大将に伝えた。

こちら、フォアマン。現在の使用可能機数は5機のみ。全機、給油を完了した。しかしながら、ヘリコプター部隊指揮官は、作戦を中止し、基地に帰投することを意見具申している。作戦を続行した場合、重大なリスクが予想される。じ後の指示を求む。(3)

地球の反対側にいるジョーンズ大将は、自分が耳にしたことが信じられなかった。「すぐに大統領とブラウン長官に会えるようにしろ！」ジョーンズ大将は叫んだ。「いったいどうなっているんだ。6機目の機体に何があったんだ？」21時35分（国際標準時）、カイル大佐とベックウィズ大佐は、作戦の中止を確信していた。そのことには、誰も異論がないはずだと思っていた。

しかし、作戦には多くの者が関与している。ブレジンスキー大統領補佐官やカーター大統領は、5機のヘリコプターで作戦を続行できないのかどうかを知りたがった。デルタは、救出部隊の規模を縮小できないのか？　大統領府からの質問を伝えるカイル大佐とベックウィズ大佐は、数分間、堂々巡りの議論を続けた。アメリカ政府

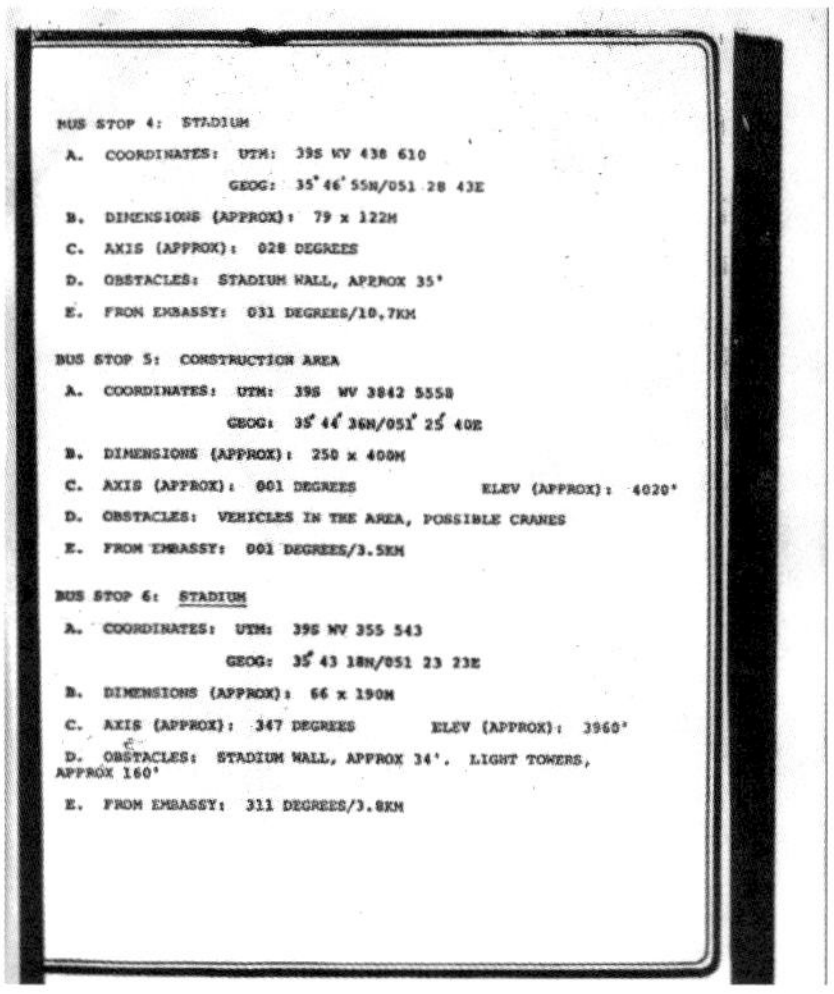

BUS STOP 4: STADIUM
A. COORDINATES: UTM: 39S WV 438 610
GEOG: 35° 46' 55N/051 28 43E
B. DIMENSIONS (APPROX): 79 x 122M
C. AXIS (APPROX): 028 DEGREES
D. OBSTACLES: STADIUM WALL, APPROX 35'
E. FROM EMBASSY: 031 DEGREES/10.7KM

BUS STOP 5: CONSTRUCTION AREA
A. COORDINATES: UTM: 39S WV 3842 5558
GEOG: 35° 44' 36N/051° 25' 40E
B. DIMENSIONS (APPROX): 250 x 400M
C. AXIS (APPROX): 001 DEGREES ELEV (APPROX): 4020'
D. OBSTACLES: VEHICLES IN THE AREA, POSSIBLE CRANES
E. FROM EMBASSY: 001 DEGREES/3.5KM

BUS STOP 6: STADIUM
A. COORDINATES: UTM: 39S WV 355 543
GEOG: 35° 43 18N/051 23 23E
B. DIMENSIONS (APPROX): 66 x 190M
C. AXIS (APPROX): 347 DEGREES ELEV (APPROX): 3960'
D. OBSTACLES: STADIUM WALL, APPROX 34'. LIGHT TOWERS, APPROX 160'
E. FROM EMBASSY: 311 DEGREES/3.8KM

デザート・ワンに残されていた、あるヘリコプター・パイロットのノート。作戦部隊は、デザート・ワンを放棄する際に数多くの文書を残してしまった。これらの文書はイラン中に拡散され、アメリカの作戦失敗に乗じた宣伝活動に利用された。この文書には、テヘランおよびその周辺地域に設定された緊急降着地域「バス・ストップ（バス停）」について、詳細な説明が記載されている。このページは、2つのスタジアムおよび1つの建設現場を説明している。隊員が救出部隊から孤立した場合やヘリコプターが不時着した場合には、これらの「バス・ストップ」に向かうことになっていた。(DoD)

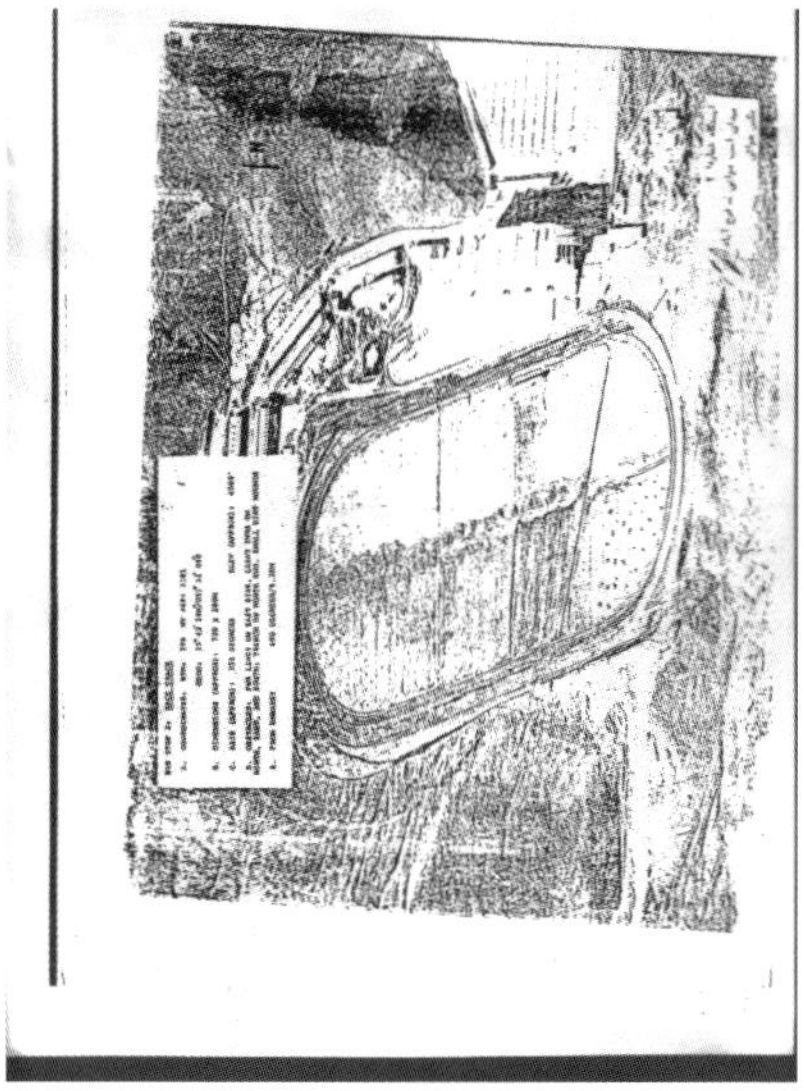

緊急降着地域である「バス・ストップ」が記載された地図。それぞれの「バス・ストップ」は、その地点の標定を容易にするため詳細な地図で説明されていた。このページに描かれているのは、「バス・ストップ2」に指定されていた競馬場である。(DoD)

からは、正確な情報を知らせるように何回も要求があった。政府は、作戦を続行できるヘリコプターが5機しかないことを信じたくないようであった。

ベックウィズ大佐は、異論が差し挟まれたことに立腹していた。ヴォート少将には1月の時点で、デザート・ワンを通過できたヘリコプターが6機未満の場合には作戦を続行できないと明言していたからである。「何を言っているんだ！」ベックウィズ大佐は叫んだ。この作戦には、すべての隊員が欠かせなかった。5機で作戦を続行した場合、20名の隊員を残さなければならない。このことは、強襲作戦の実行を著しく困難にする。さらに、ヘリコプターのエンジン始動成功率を考慮すると、夕刻になってテヘラン近郊の隠れ場所から強襲攻撃を発起する際に、1機か2機が始動できないという事態も十分に考えられたのである。

ベックウィズ大佐は決心した。デザート・ワンから離陸するヘリコプターの最小機数は、かねてより6機であるとされていたのである。エンジンの轟音と吹き荒れる風の中、カイル大佐に向かって叫んだ。「そんなことは、あり得ない。絶対にあり得ない！ いいから、どのC－130に乗ったら良いのか言え。デルタは帰投する」(Beckwith, 254)。

22時02分（国際標準時）、ジョーンズ大将は、ヴォート少将に「作戦中止の決定に同意する」とようやく伝えた。

事故

大統領は顧問団に対し、現地のベックウィズ大佐との協議の結果、指揮官たちに決定を下すことを許可したと伝えた。大統領執務室が戦術的な事項を決定するのは適切でないと考えたからである。大統領もジョーンズ大将も、ベックウィズ大佐に作戦続行を命じる法的権限を持っていたにもかかわらず、それを行使することはなかった。後にベックウィズ大佐は、もし作戦続行を命じられたとしても無線が通じなかったことにして無視したであろうと語った。作戦の中止は顧問団にとって信じられないような事態であった。これほど多くのヘリコプターが任務を遂行できなくなるとは思ってもみなかったのである。カーター大統領は、「少なくともアメリカ人に死傷者はなかったし、無実のイラン人が傷つくこともなかった」と嘆くほかなかった（Bowden, 222）。

この段階での作戦中止を想定した訓練は行われていなかった。ヘリコプターへの給油を完了し、空母ニミッツへと帰投する行動が急《きゅう》遽《きょ》計画された。救出部隊は再び輸送機に搭乗し、マシーラ島に戻ることになる。放棄する装備品はすべて破壊し、偽のソヴィエトの文書や装備品を投げ込んでロシアの事故のように見せかけ、何が起こったのかがイラン人に分からないようにする。捕獲していたバスの乗客は、エジプトまで連行された後に解放されることになる。デザート・ワンで起こったことは、少なくとも2、3日は知られずに済み、その間に新たな作戦を計画できるはずであった。救出部隊と輸送機の搭乗員たちは、悲嘆にくれながらも、マシーラ島に帰投するための行動を開始した。隊員たちの中には、イランでの思い出の品として石を拾い集める者もいた（Fitch）。

隠れ家にいたメドウズとアルージは、隠語を用いた衛星無線を受信した。「多くのトラックが故障したため、アンテナ部品をお届けできなくなりました。契約はキャンセルさせていただきます」

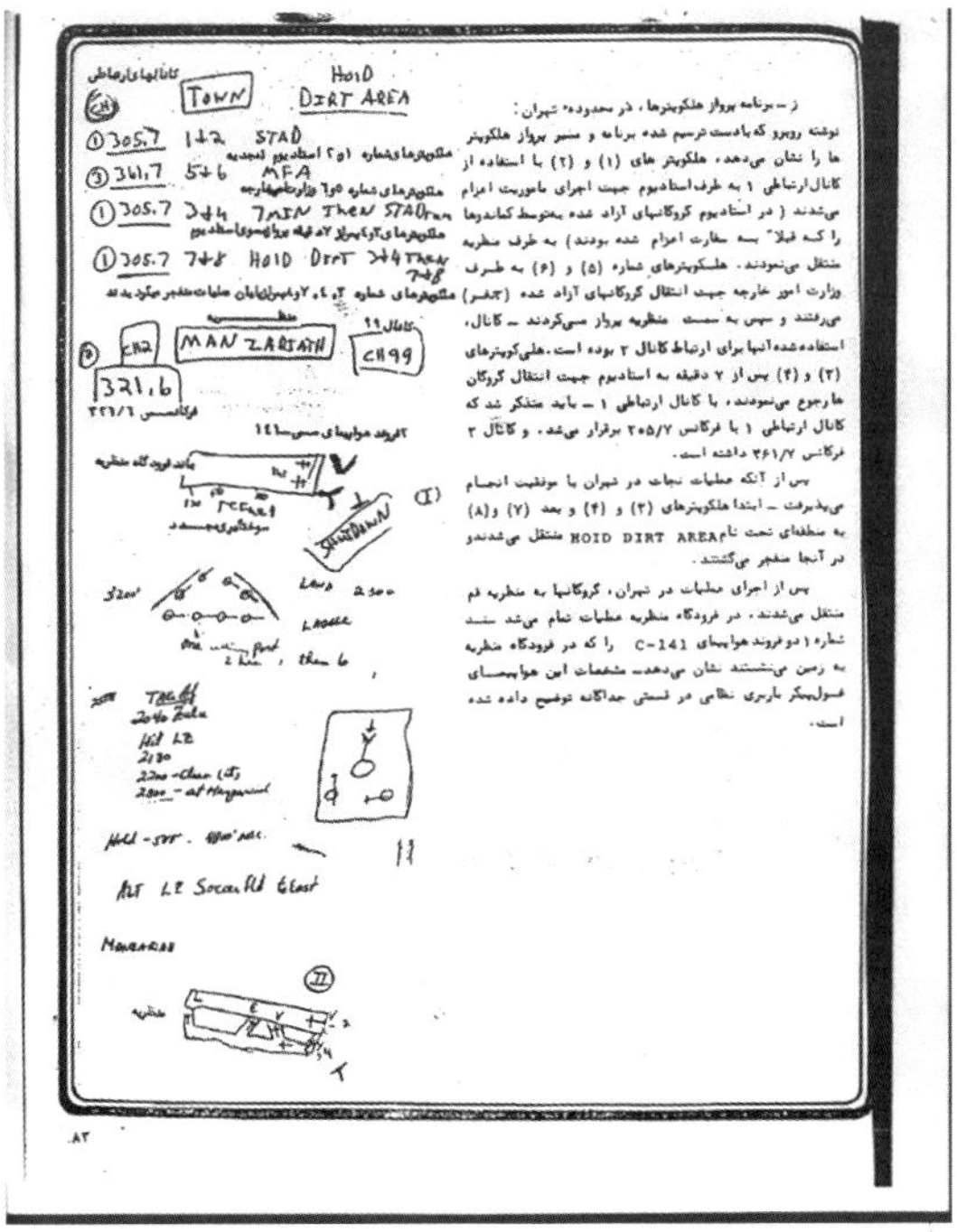

作戦に関する重要な情報が記載された、パイロットのノート。そこには、大使館敷地およびスタジアムにヘリコプターが進入してから、レインジャーが占拠したマンザリエ飛行場に着陸するまでの行動計画が詳細に記されていた。左側がアメリカ人が書いた原文、右側がイラン人が書いた訳文である。このノートによると、すべてが計画どおりに進んだ場合、次のような行動が予定されていた。

1. ブルービアード1および2が、最初に大使館の隣のスタジアムに着陸する。
2. ブルービアード5および6が、外務省の隣にある空き地に着陸し、3人の人質および特殊部隊チームをピックアップする。
3. ブルービアード3および4が、7分間の場周飛行を行い、ブルービアード1および2が離陸すると同時にスタジアムに着陸する。
4. ブルービアード3および4が離陸すると同時に、ブルービアード7および8がスタジアムに進入する。
5. ノートの残りの部分には、マンザリエ飛行場への着陸進入要領が記載されていた。（DoD）

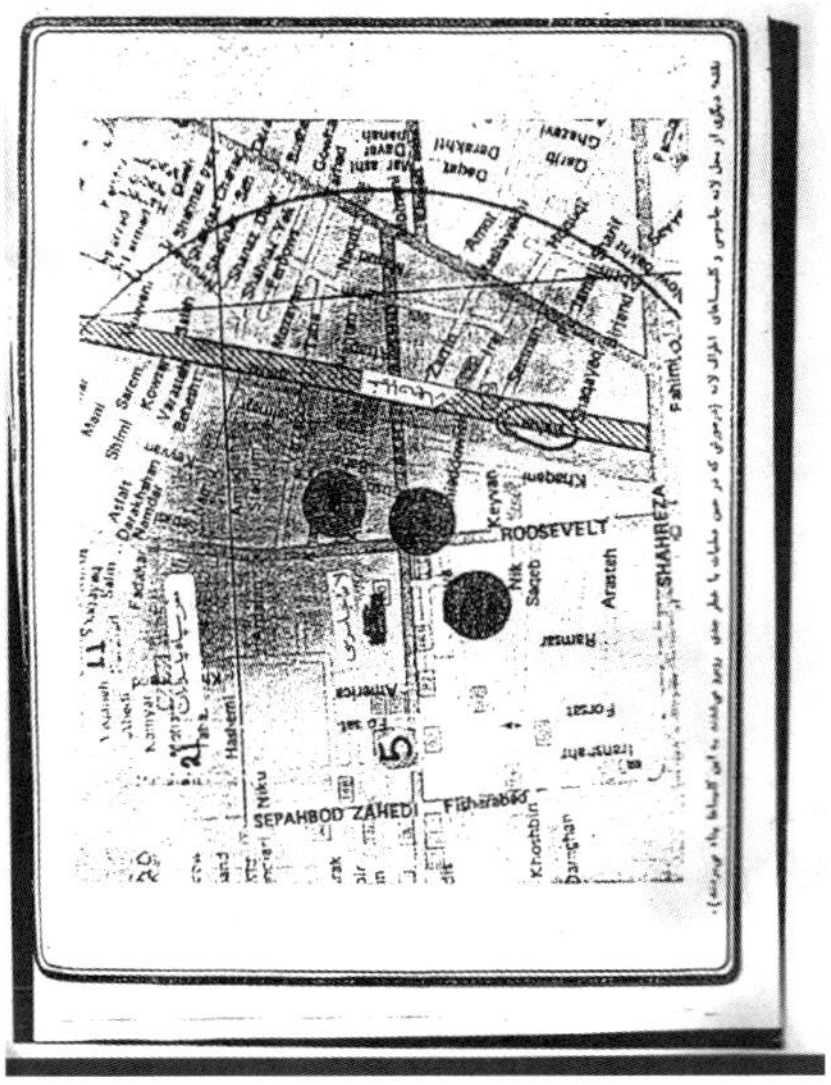

このページには、人質がヘリコプターに搭乗する際に使用するサッカー・スタジアムなど、大使館周辺地域の地図が描かれている。（DoD）

（Bowden, 458）。メドウズとその部下たちは、イランに取り残されてしまった。テヘランにいるラヒジは、連絡員の一人から「深刻な問題がありました。お客様はいらっしゃいません」という電話連絡を受けた。

デルタは、残っていたEC－130Eへの搭乗を開始した。リパブリック4の機内では、デルタ・オペレーターのマイク・ヴァイニング軍曹が、機体中央に搭載されていた燃料が入ったままのブラダー・タンクに腰を下ろした。隊員たちは疲れ切っていたが、イランから脱出するためには高温の中での長時間の飛行が待っていた。少しでも快適に過ごすため、装備を外し、防弾ベスト、フィールド・ジャケットなどを脱ぐ者もいた。仮眠を取ろうとしてうとうとし始める者もいた（Vining）。

ブルービアード3（機長：シェーファー少佐）は、すでに空母ニミッツへの帰投準備を完了していたが、EC－130E（リパブリック4、機長：ハロルド・L・ルイス・ジュニア大尉）を先に離

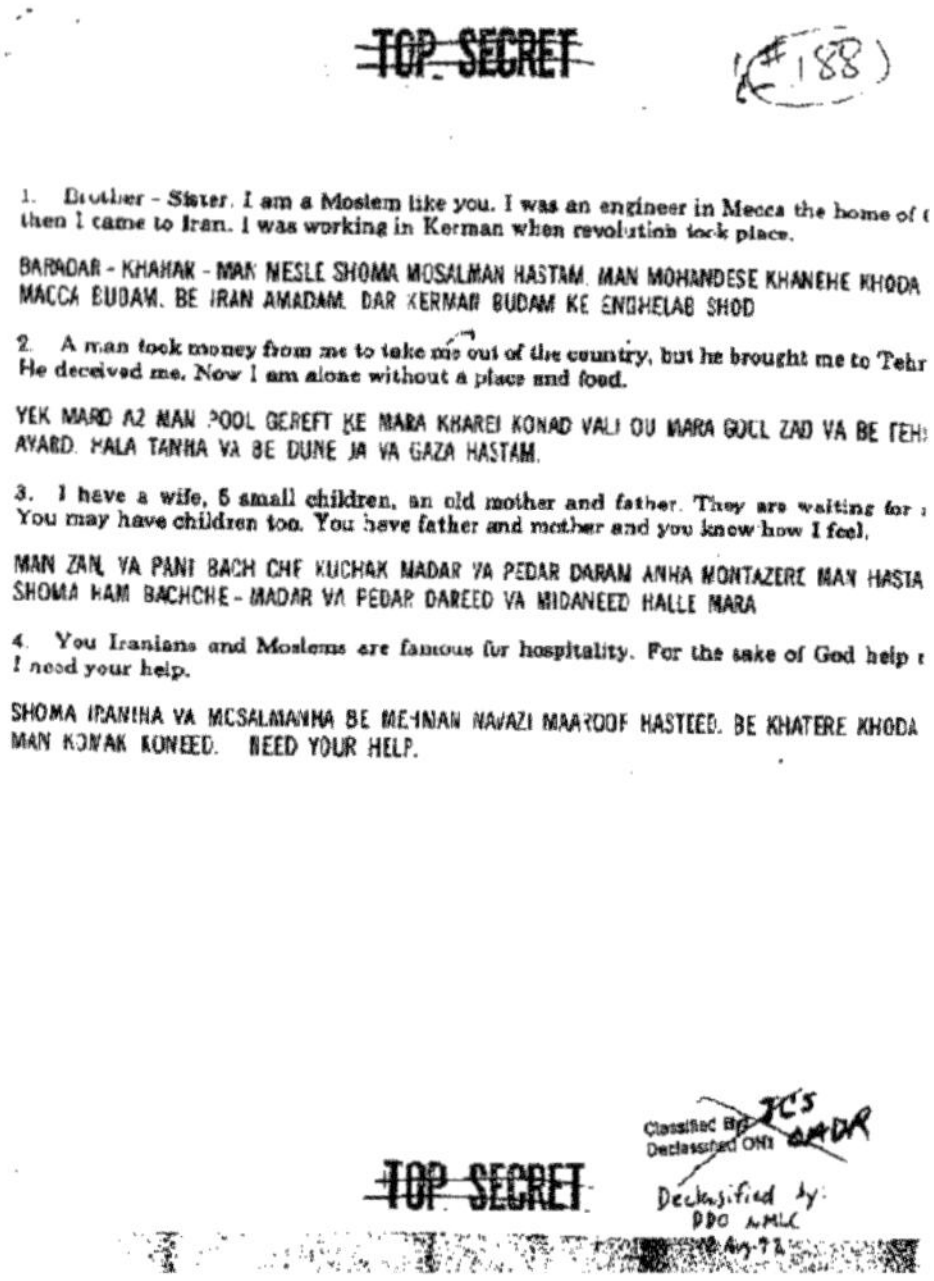

TOP SECRET

(#188)

1. Brother - Sister. I am a Moslem like you. I was an engineer in Mecca the home of (
then I came to Iran. I was working in Kerman when revolution took place.

BARADAR - KHAHAK - MAN NESLE SHOMA MOSALMAN HASTAM. MAN MOHANDESE KHANEHE KHODA
MACCA BUDAM. BE IRAN AMADAM. DAR KERMAN BUDAM KE ENGHELAB SHOD

2. A man took money from me to take me out of the country, but he brought me to Tehr
He deceived me. Now I am alone without a place and food.

YEK MARD AZ MAN POOL GEREFT KE MARA KHAREJ KONAD VALI OU MARA GOUL ZAD VA BE TEH
AVARD. HALA TANHA VA BE DUNE JA VA GAZA HASTAM.

3. I have a wife, 5 small children, an old mother and father. They are waiting for
You may have children too. You have father and mother and you know how I feel.

MAN ZAN, VA PANJ BACH CHE KUCHAK MADAR VA PEDAR DARAM ANHA MONTAZERE MAN HASTA
SHOMA HAM BACHCHE - MADAR VA PEDAR DAREED VA MIDANEED HALLE MARA

4. You Iranians and Moslems are famous for hospitality. For the sake of God help
I need your help.

SHOMA IRANIHA VA MOSALMANHA BE MEHMAN NAVAZI MAAROOF HASTEED. BE KHATERE KHODA
MAN KOMAK KONEED. NEED YOUR HELP.

TOP SECRET

Classified By
Declassified ON
Declassified by

TOP SECRET

HELP	KOMAK
COME HERE	BIYA ENJA
DON'T MOVE	TA KAN NA KHOR
GET DOWN	BE KHAB
SIT DOWN	BEN SHEINID
STAND UP	BOLAND SHOW
PUT DOWN	BEGZAR ZAMIN
OPEN	BAZ
CLOSE	BAS TE
RIFLE	TOFANG
PISTOL	HAF TEAR
KNIFE	CHA GHO
AMMUNITION	FE SHANG
HAND GRENADE	NARENJAK
MACHINE GUN	MO SAL SAL
WE ARE BROTHERS	MA' BARADAR HAS TEAM
IMAM	EMAM
WHERE AM I	MAN KOJA HAS TAM
WHICH WAY IS	RAHE KOJAST
NORTH	SHOMAL
SOUTH	JO NOB
WEST	GHARB
EAST	SHARGH
ROAD	RAH
TRAIN	GHATAR
BUS	AUTOBOS
TAXI	TAXI

TOP SECRET

「敵地脱出」と題する手引き。デルタの工作員が単独でイランから脱出しなければならなくなった場合に必要な単語や熟語が記載されている。（DoD）

陸させる必要があった。その機体は、輸送機の中で最も残燃料が少なく、その場で方向転換しなければ離陸できなかったからである。その後方に位置していたブルービアード3およびブルービアード4は、小移動することになった。最初に、ブルービアード3が移動することになったが、前脚が破損していて地上滑走できなかったため、飛び上がってリパブリック4の前に出なければならなかった。約14フィート（約4・3メートル）まで上昇すると、大量の砂塵が巻きあがった。22時22分（国際標準時）、ブルービアード3の搭乗員たちは、地上誘導員がほとんど見えない中、方向を見誤らないことを祈っていた。

残念ながら、その祈りは通じなかった。渦巻く砂塵、騒音、風、そして暗闇の中、パイロットは地上誘導員の手信号を見間違えたか、または方向感覚を失った。同じ状況の中、地上誘導員も混乱していた。このため、誘導棒の動かし方を誤り、シェーファー少佐に間違った方向への移動を指示したのかも知れなかった。いずれにせよ、シェーファー少佐の機体は、EC－130Eのそびえ立つ尾翼をクリアしないままドリフトし始めた。ヘリコプターのローターが、EC－130Eに激突した。デルタ・オペレーターのマイク・R・ヴァイニング2等軍曹は、次のように回想している。

突然、左舷側から「バン」という音が聞こえました。ヘリコプターは、まず垂直尾翼に接触し、次にナンバー1および2エンジンのプロペラに接触し、そしてヘリコプターのコックピットがEC－130Eのコックピット上部に乗り上げるような形で衝突しました。目撃者によれば、2機の機体は、完全に炎に包まれたそうです。その高さは、300フィート(約91メートル)以上に達しました。ヘリコプターの機内増槽タンクが破裂し、発火しました。コックピットの方を見ると、その上方に炎が上がるのが見えました(ヘリコプターのブレードが輸送機の上部を突き破っていました)。左前方のギャレー・ドアが押し開けられました。コックピットは一瞬にして炎に包まれました。その炎が天井を伝わって広がり始めました。ギャレー・ドアが炎の力で操縦室側に倒れるのが見えました。クリス・アベルが立ち上がり、「逃げろ」と叫びましたが、その場に転倒してしまいました。そのEC－130Eには8名の搭乗員を含む33名の隊員たちが搭乗していました。コックピットの付近を人影が動き回っているのが見えました。その周囲は、炎で覆いつくされていました。機体の後方を見ると、隊員たちが左後方の空挺降下用ドアを開放しようとしているのが見えました。ロードマスターのジェームズ・W・マクレーン・ジュニア軍曹がドアを開放しましたが、炎が吹き込んで来たので閉鎖しました。ホワイト・チームとB部隊の指揮官であるローガン・B・フィッチ少佐がドアの閉鎖を手伝っていました。「ああ、神様、もうおしまいだ」と思いました。フィッチ少佐は、ロードマスターにランプ・ドアを開くように命じましたが、ランプ・ドアの付近も炎に包まれていました。

いろいろと試みているうちに、右舷後方のドアが開きました。隊員たちがそこに殺到しました。ハイラム・L・ウォルトン上等兵は、ドアを通り抜けた後、他の隊員たちに押し倒され、機体の下の方に転がってゆきました。ドアが開くと、(それにより生じたバック・ドラフトのため)機内の炎の勢いがさらに強まりました。炎が天井から両側の壁へと広がり始めました。私は、武器と装備を掌握しようとしていました。隊員たちが後方に移動する間も、火災は大きくなり続けていました。ケネス・L・「ケン」・バンクロフト2等軍曹は、ドアに向かう途中で転倒した隊員を助け起こしていました。もはや、武器や装具を気にしている時間はありませんでした。誰か(おそらくチェイニー上級曹長)が「慌てるな!」と叫ぶのが聞こえました。隊員たちは、この言葉を復唱することによって、少し落ち着きを取り戻したようでした。私は、開放されたドアに向かってまっすぐに進み、ほとんど最後尾で脱出しました。フィッチ少佐とチェイニー上級曹長は、他に脱出する者がいないのを確認してから脱出していました。脱出する際は、頭から外に飛び出しました。

出入り口は、炎の壁に覆われていました。プロペラは、まだスロットル全開で回転していて、それが火災を拡大させていました。胴体全体が炎に覆われ、溶けた金属が空中を飛び交っていました。6フィート(約1・8メートル)下の地面に転がり落ちた私の手に金属片が当たり、指を火傷しました。すぐそばを通り過ぎてゆく隊員たちの足が見えました。立ち上がると、小火器用弾薬がクックオフ(昇温発火)する音が機内から聞こえました。走り出す私の耳に、40mm榴弾、M67破片手榴弾およびM72 LAW (Light Anti-tank Weapon, 軽対戦車火器)の爆発音が響き渡りました。いったいどうしたらいいのか、全く分かりませんでした。操縦室から脱出できたのは、コックピットの直後にいた無線通信手のジョセフ・J・「ジョー」・バイヤー

デザート・ワンにおける事故

22時22分(国際標準時) ／02時52分(テヘラン時間) 頃

ベックウィズ大佐は、ヘリコプターの機数が5機に減少したことから、作戦の中止を決定した。かねてより、デザート・ワンでヘリコプターが6機未満になった場合は、作戦を中止することになっていた。ブルービアード2は故障し、ブルービアード5は行方不明となり、ブルービアード6はデザート・ワンへの飛行を開始してすぐに放棄されていた。作戦の続行は不可能であった。

残されたヘリコプターおよび輸送機は、ヘリコプターへの給油を完了した後に離陸することになった。ブルービアード3は、デルタ・オペレーターたちを満載したリパブリック4が離陸するために必要なスペースを空けるため、小移動を行わなければならなかった。風、騒音、熱、そして視界を閉ざす砂塵の中、ブルービアード3は地面から浮き上がった。しかし、地上誘導員の必死の努力にもかかわらず、RH－53Dはリパブリック4のコックピット後方に衝突してしまった。

ヘリコプターと輸送機が炎上し、巨大な火の玉となって砂漠を照らした。この事故により、EC－130EおよびRH－53Dの搭乗員のうち8名が死亡した。搭乗していたデルタ・オペレーター全員および搭乗員数名は、燃えさかる機体の中からの脱出に成功した。

この絵には、ブルービアード3とリパブリック4との衝突に驚くデルタ・オペレーターおよびレインジャー隊員たちの様子が描かれている。デルタ・オペレーターは、ブルージーンズ、黒のフィールド・ジャケットおよび黒のニットキャップを着用し、CAR－15ライフルを携行している。また、アメリカ陸軍の標準的な装具を装着している。フィールド・ジャケットのアメリカ国旗は覆い隠され、民間人に紛れ込みやすいように髪の毛を伸ばし、ひげを生やしている。レインジャー隊員は、アメリカ陸軍の標準的な戦闘服を着用し、CAR－15ライフルを携行している。背景には、M151 MUTT（多用途戦術トラック、Military Utility Tactical Truck）およびオートバイを装備した道路監視チームの一部が描かれている。

ズ3世2等軍曹と後席に搭乗していたパイロットの2名だけでした。2人は、階段を使って貨物室内に降り、ブラダー・タンクの上を手と膝で這うように移動して脱出していました。ドアにたどり着くと、地面に向かって飛び降りました。

合計38名の隊員が墜落現場から脱出しました。その内訳は、海兵隊パイロットが2名、空軍兵が3名、そしてデルタが33名でした。機内に搭載していたレッドアイ対空ミサイル1発が暴発し、輸送機の機首を突き抜けて、砂漠に向かって飛んでゆくのが見えました。その後、ブラダー・タンクが発火し、大爆発が起こりました。巨大な炎が夜空に向かって噴き出し、胴体が折れ曲がりました。もう1機のEC－130E（5番機）に向かう隊員たちが見えたので、私もその方向に進みました。機内の隊員たちが、来るなというように手を振っていました（すでに満員なのだと思いました）。後になって、その機体は火災現場から離れようとしていたことを知りました。私は、爆発するEC－130Eの隣に駐機していた別のEC－130E（6番機）に向かって走りました（Vining）。

ヘリコプターの中で気を失っていたシェーファー少佐が意識を取り戻すと、コックピットは炎に包まれていた。副操縦士はなんとか脱出できていたが、他の搭乗員は苦しみながら死んでいった。背後からクルー・チーフの叫び声が聞こえた。シェーファー少佐は、その体を引っ張り出して助けようとしたが、炎に包まれてしまった。救出は断念せざるを得なかった。コックピットの窓をよじ登ると、地面に向かって飛び降りた。

デザート・ワンにいた隊員たちの多くは、当初、イラン軍からの攻撃を受けたと思った。武器を掌握すると爆発する輸送機から離隔して、防御態勢を整えようとしたが、何が起こったのかが明らかになると、搭乗員たちの救出と人員の掌握に努めた。リパブリック6に搭乗していたランディ・ギングリッチ2等軍曹は、シェーファー少佐の元に駆け寄り、リパブリック6の機内へと運び込んだ。ブルービアード3の副操縦士も、リパブリック4から吹き飛ばされたロードマスターと一緒に、リパブリック6に運び込まれた。副操縦士の飛行服は焼け焦げ、背中は火傷を負っていた。

シェーファー少佐は、リパブリック6の機内に搭載されていたブラダー・タンクの上に載せられた。そこは、全く安らげる場所ではなかった。誰かが周囲を動き回るたびに燃料が動き回り、さらなる苦痛が加わった。シェーファー少佐は、顔などに大火傷を負っていた。できる限りの応急手当が施され、水とモルヒネを与えられて、意識を失わないように保たれた(Vining)。

隊員の中には、救助活動を中止するように命ぜられる者もいた。火炎や弾薬のクックオフ（昇温発火）による二次災害の恐れがあったからである。救出活動を中止した隊員たちは、デザート・ワンから脱出するため、残っていた輸送機へと向かった。そのうちの1機に乗り込んだベックウィズ大佐は、ワディ・ケナの指

BREVITY CODES

AGENCIES	CODEWORD
SPOD-ALPHA	ACUTE
AC-130 SPECTRES	DEPENDENT
COMJTF	FOREMOST
ENEMY	JAIL BAIT
HOSTAGES	ISLANDER
JTF MAIN (WADI KENA)	CATTLEMAN
JTF ALTERNATE (NEA MAKRI)	CONSULT
KC-135 TANKERS	IRONWORK
C-141's	CONCLAVE
MANZARIYEH RANGERS	SHOULDER
MC-130 TALONS	HEADBOARD
EC 130 (ABCCC)	CULTIVATE
JCS	VERDICT
NIMITZ	DOMINO
RH-53 HELOS	BLUEBEARD [illegible]
SPOD-DELTA	BOWSHOT
TAC AIR	JACK PLUG
UNKNOWNS	INSTIGATOR
COMBAT CONTROL TEAM (CCT) DESERT LAND	VETERAN
COMBAT CONTROL TEAM (CCT) MANZARIYEH	WAIST COAT
DELTA RECEPTION PARTY	ESQUIRE

タイプ打ちされたこのノートには、各部隊が使用するさまざまな略語および隠語の一覧表が記載されていた。下側の手書きの文字は、ろ獲後に書き加えられたイラン語の翻訳である。隠語の中には、作戦の段階区分および部隊区分に応じて変更されるものもあった。イランなどの敵対勢力は、このノートから得られた情報を他の文書から得られた情報と組み合わせ、作戦の全体像とその複雑さを掌握した。この文書には、「特殊部隊デルタ作戦分遣隊：ボウショット（弓の射程）」、「デルタ受け入れ班：エスクァイア（男性の敬称）」などのように、アメリカの最新の特殊作戦部隊やイラン国内に潜入している隊員たちの秘匿名に関する情報も含まれていた。(DoD)

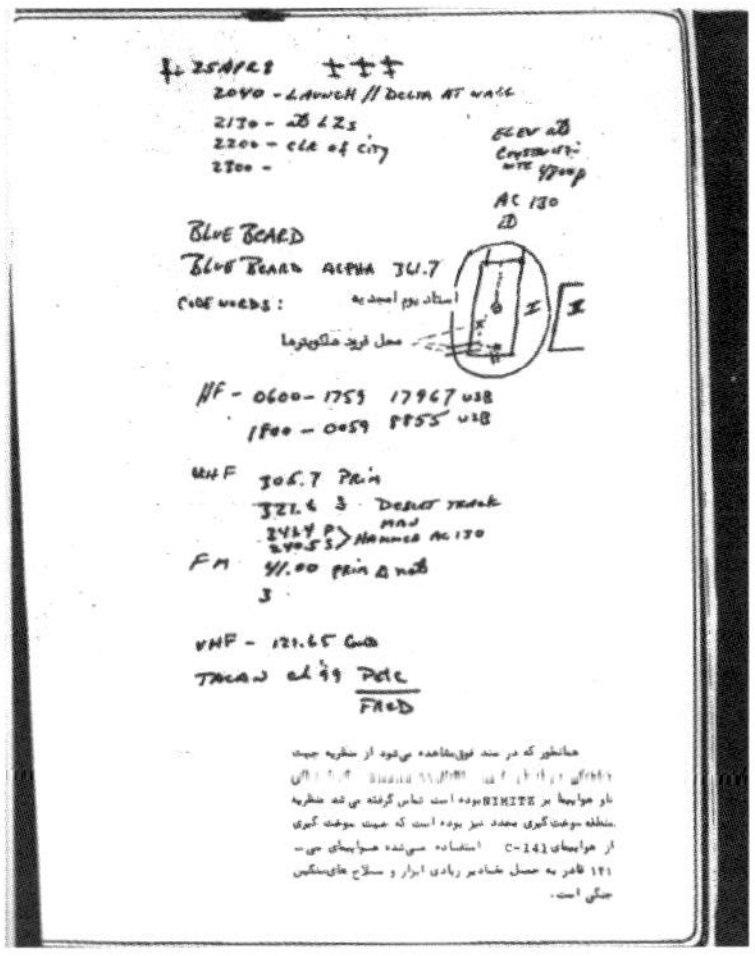
2040 - LAUNCH // DELTA AT WALL
2130 - LZs
2200 - CLR of city
2300 -
AC 130
BLUE BEARD
BLUE BEARD ALPHA 361.7
CODE WORDS :
HF - 0600 - 1759 17967 USB
1800 - 0059 8855 USB
UHF 306.7 PRIM
FM 41.00 PRIM
VHF - 121.65
TACAN

ヘリコプター搭乗員によって書かれたこのメモ帳には、すべてが計画どおりに進んだ場合の、大使館敷地内における強襲作戦の詳細な時程が記載されていた。その内容は、次のとおり。

1. 国際標準時4月25日20時40分（テヘラン時間4月26日01時10分）、デルタが大使館の塀に到着
2. 同日同時刻、ヘリコプターが隠れ場所のデザート・ツーから離陸
3. 国際標準時4月25日21時30分（テヘラン時間4月26日02時00分）、ヘリコプターが大使館の降着地域および外務省近くの空き地に着陸
4. 国際標準時4月25日22時00分（テヘラン時間4月26日02時30分）、救出された元人質および救出隊員を乗せたヘリコプターがテヘランからの離脱を完了

大使館隣のサッカー・スタジアムへの進入要領を示す図も描かれている。(DoD)

揮所に事故の発生を無線で報告した。ヘリコプターを放棄して全員が離脱することが直ちに決定された。

ヴォート少将はジョーンズ大将に対し、その悲惨な状況を次のように報告した。

砂漠において事故が発生。現時点での報告では、ヘリコプターがC－130に衝突した模様。当該C－130は、炎上中。詳細は不明なるも、隊員たちは無事に脱出できたものと思われる。現地から離脱するために必要な機体は残っており、現在、退避行動を実施中。

恐怖に震え上がっていたバスの乗客たちは、ペルシア語を話せる隊員から、朝までバスに乗ったままでいるように、さもなければ狙撃兵に射殺されることになると告げられた。

現地からの撤退に関する新たな情報を待っていたカーター大統領の元に、ジョーンズ大将から電話があった。作戦が中止になったことですでに動揺していた大統領は、血の気が引いたような恐怖の表情を浮かべた。大統領が「死者はいるのか？」と質問した時、部屋にいた誰もが事故の発生を察知した。

衝突事故発生後、すべてのヘリコプターが直ちに放棄された。ただし、ヘリコプターの破壊処置は行われず、コールサイン、飛行計画、無線周波数、テヘラン市内のエージェントの連絡先などの重要な情報がそのまま残されてしまった。大使館を突破するために準備された爆発物やM72A2 LAW (Light Anti-tank Weapon, 軽対戦車火器)でヘリコプターを破壊する時間は十分にあった。しかし、弾薬や燃料の爆発とそれによる混乱が、その実行を妨げた。

退避

地上誘導員は、遠隔操作の着陸灯とTACANを回収し、代わりに棒状のケミカル・ライトを配置した。ただし、それは機体からほとんど見えなかった。2機のC－130が降着地域の軟弱な地盤に誤って入り込み、危うくスタックするところであった。22時45分(国際標準時)、リパブリック5が最初に離陸することになった。エンジン出力を上げて滑走を開始したが、空中に浮かぶ寸前に道路を横切る溝に衝突してしまった。激しい衝撃があったものの何とか離陸に成功し、機体の安定を回復して、速度を増し、高度を上げることができた（Thigpen, 228）。他の輸送機も、リパブリック5と同じ方向に向かって離陸を開始した。燃料、装備品および人員で過積載状態だったため、なかなか離陸速度に達しない機体もあった。搭乗員たちは、リパブリック5が衝突した溝に近づくと、前脚が破損し機体が砂に突っ込むのではないかと恐れた。スロットル全開状態の機体は、溝に衝突すると空中に激しく跳ね上がった。既定の離陸速度には達していなかったが、かろうじて揚力が生じ上昇しながら増速することができた（Johnson)。

離陸前に人員を完全に掌握することになっていたにも関わらず、まだ搭乗していない隊員がいるのに動き始めた機体もあった。ストーム・クラウド作戦に割り当てられていた特殊部隊分遣隊Aの隊員の一人は、まだ全員の搭乗を完了していない機体が離陸準備を開始しようとしているのに気づいた。直ちに武器を取ると機体の前に立ちはだかって前進を阻止し、置き去りにされないようにした

(Murphy)。

イシモト大尉以下2名のレインジャーは混乱する状況の中で道路の警戒を行っていたが、輸送機が地上滑走を始めると慌ててオートバイを機体に向けて走らせた。そこに、ジープで隊員たちの捜索を行っていたセイボリー医師とジェシー・ジョンソン少佐が通りかかった。イシモト大尉たちはオートバイを乗り捨ててジープに乗り込んで機体に向かい、ギリギリで搭乗することができた。

搭乗した隊員たちは搭乗者名簿を作成し、人員を掌握しているクルー・チーフに渡した。予定されていた機体に搭乗した隊員は一人もいなかったが、幸運なことに救出部隊の全隊員がいずれかの輸送機に搭乗できていた。セイボリー医師が率いる医療チームは、死傷者が少ないことに驚いていた。手術が必要な隊員は、手にひどい火傷を負ったジョセフ・J・J・バイヤーズ空軍2等軍曹（リパブリック4の無線通信手）だけであった。ベックウィズ大佐は当初、ある医師に対し、バイヤーズ軍曹はもう助からないだろうと話していた。しかし、その医師はそれを無視して治療を行った。結果的には、他の負傷者と一緒に西ドイツのラムシュタイン空軍基地に後送されることになった（Utarro, 33）。

C－130が離陸すると、空母ニミッツに対し、隊員たちが破壊できなかったヘリコプターを爆撃するための航空支援が要請された。しかしヴォート少将の参謀たちは、攻撃を行わないように意見具申した。現場にはまだアメリカ人が残っている可能性があり、かつ、バスの乗客を死傷させる恐れがあったからである。カーター大統領はジョーンズ大将に対し、被害の拡散を最小限にするとともに、イラン人の殺傷を回避するように指示した。「攻撃は中止しよう。ヘリコプターの周りには多くのイラン人たちが集まっていることだろう。（航空攻撃を行えば）多数の犠牲者を出すことになりかねない。」

マシーラ島とワディ・ケナに事故の知らせが届くと、サウジアラビアのダーランで緊急医療態勢を整えていた2機のC－141Bがマシーラ島に向かった。また、ドイツで待機していたC－9ナイチンゲール1機がワディ・ケナに火傷治療チームを空輸した。

厄介なことに、その時点ではすべてのヘリコプター搭乗員を掌握できているかどうかが明確になっていなかった。どのヘリコプターがデザート・ワンに向かう途中で着陸したのか、そして、砂漠で行方不明になっている搭乗員がいないのかが確認できていなかった。しかしカーター大統領は、状況をさらにエスカレートさせるリスクを避けたかった。「デビッド」、大統領はジョーンズ大将に言った。「イランとの大規模な戦争に突入し、事態をさらに悪化させることは、何としても避けたい。」捜索救難機として発艦準備を完了していたCH－46ヘリコプターは、任務を中止した（Brennan）。

0時30分（国際標準時）頃、空母コーラル・シーで総員配置を知らせるアラームが鳴り響いた。今回は「訓練」であることを知らせる放送がなかった。それは、まさに本番だった。警戒態勢にあった搭乗員たちは、飛行甲板に向かって駆け出した。日の出直後の薄明かりの中、パイロットたちはコックピットに乗り込み、即時警戒態勢で発艦準備を整えた。ジェット機は燃料や弾薬の搭載を完了し、作戦室には、戦闘準備を行う隊員たちが群がっていた（Ardaiolo）。コーラル・シーおよびニミッツ空母グループのスピーカーに指令が鳴り響いた。「全部署、コンディション・ゼブラ！　総員、戦闘配

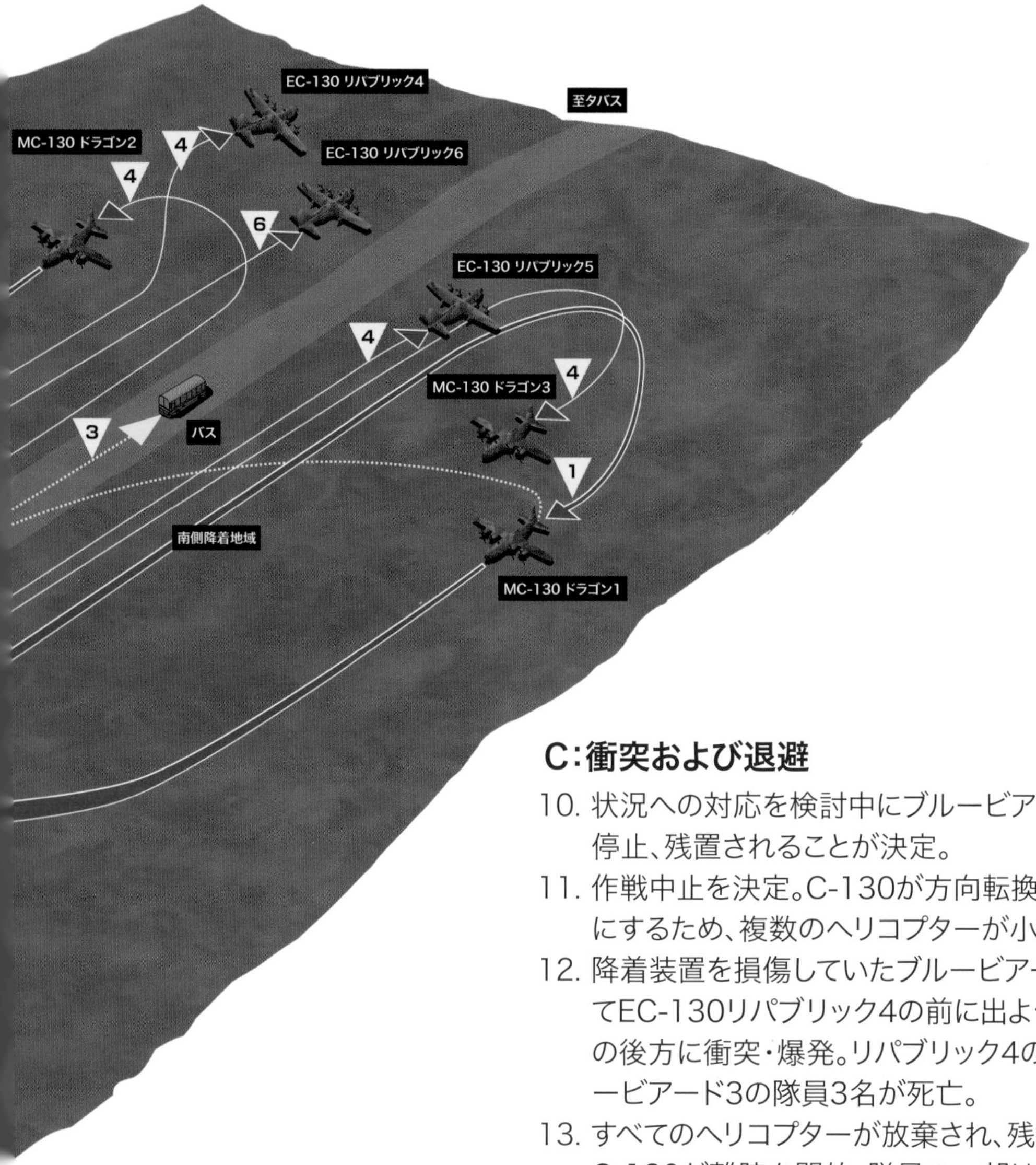

C:衝突および退避

10. 状況への対応を検討中にブルービアード2がエンジンを停止、残置されることが決定。
11. 作戦中止を決定。C-130が方向転換して離陸できるようにするため、複数のヘリコプターが小移動を開始。
12. 降着装置を損傷していたブルービアード3は、飛び上がってEC-130リパブリック4の前に出ようとして、その操縦室の後方に衝突・爆発。リパブリック4の隊員5名およびブルービアード3の隊員3名が死亡。
13. すべてのヘリコプターが放棄され、残されていた3機のC-130が離陸を開始。隊員の一部は、離陸寸前に輸送機に搭乗。

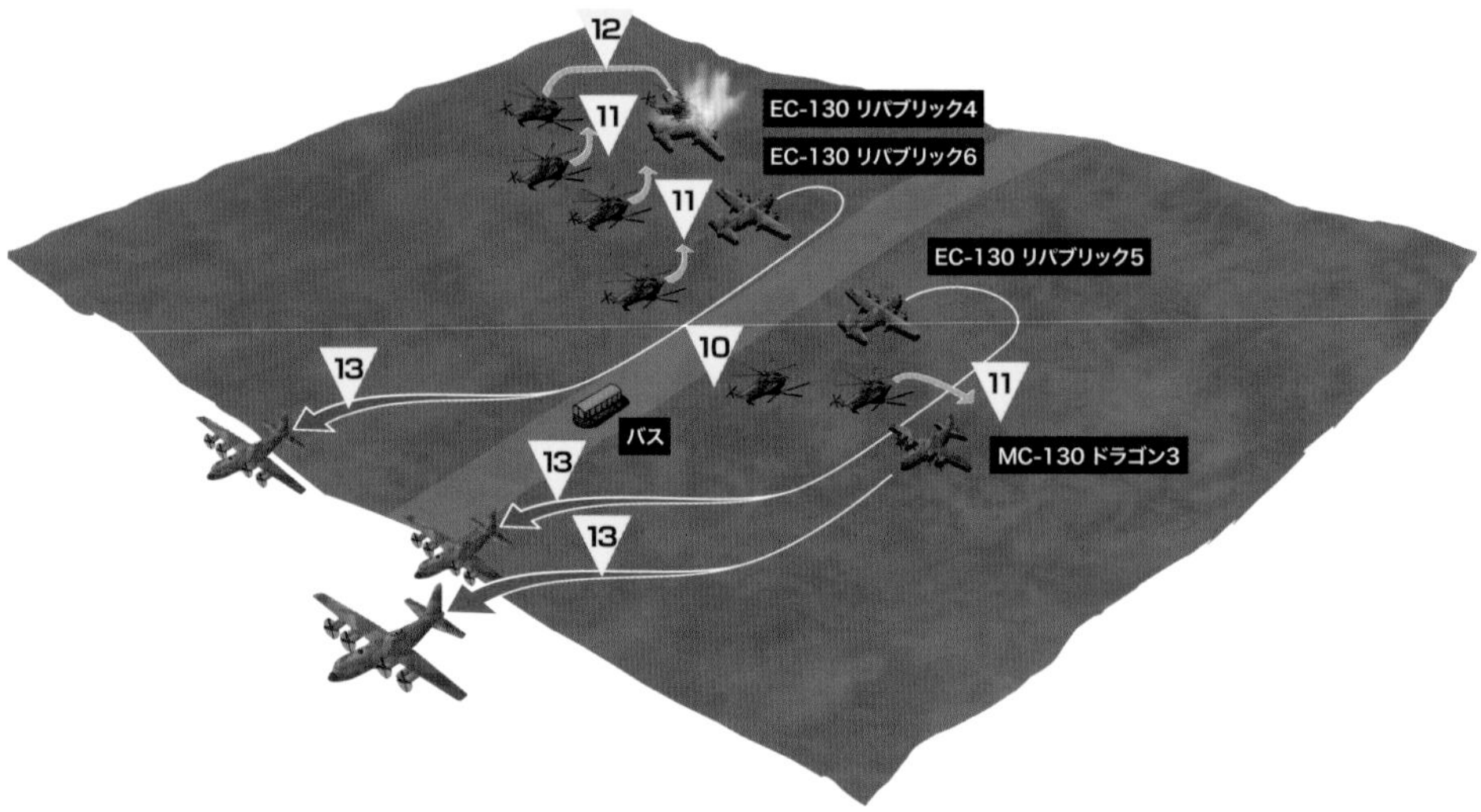

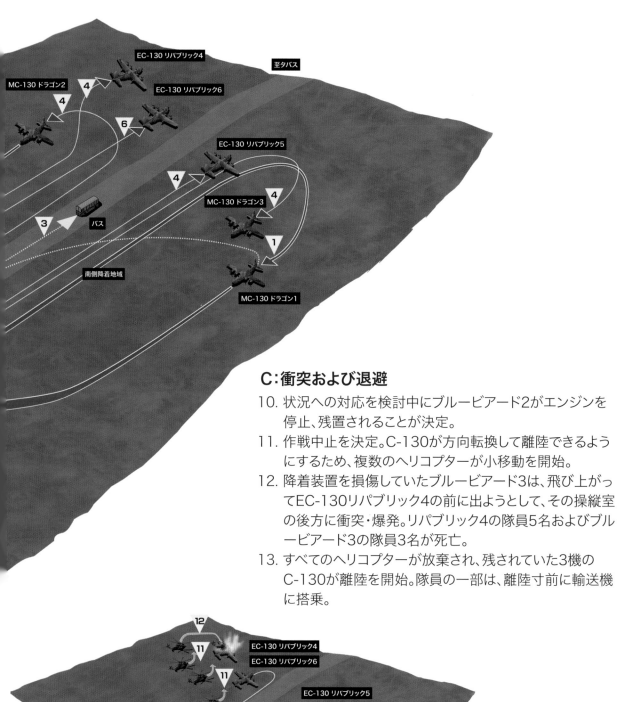

デザート・ワンにおける事故

A:C-130の着陸

1. MC-130ドラゴン1が、着陸進入中に燃料タンク車を発見。
2. レインジャーおよびデルタが、オートバイでタンク車を攻撃・破壊。
3. 接近するバスを発見。停車させて捕獲し、乗客を拘束。
4. MC-130ドラゴン2および3、ならびにEC-130リパブリック4および5が順次に着陸し、人員および装備を卸下。
5. MC-130ドラゴン1および2が離陸し、基地に帰投。
6. EC-130リパブリック6が着陸し、人員および装備を卸下。

B:RH-53Dの着陸

7. RH-53DがC-130のすぐ後方に進入・着陸。
8. RH-53Dブルービアード3がハード・ランディングし、降着装置を損傷。
9. 燃料ホースを使用してC-130からヘリコプターに給油。

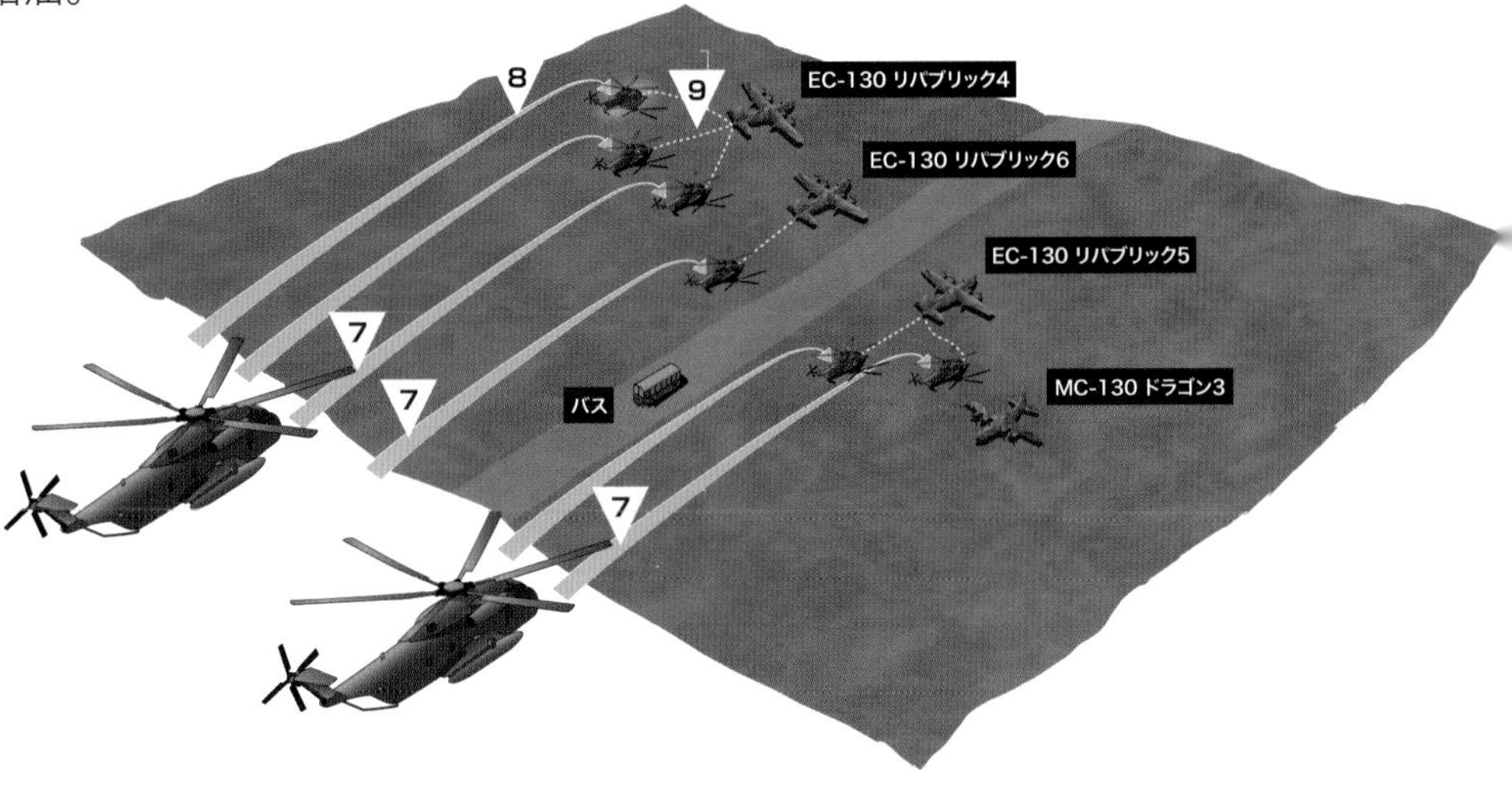

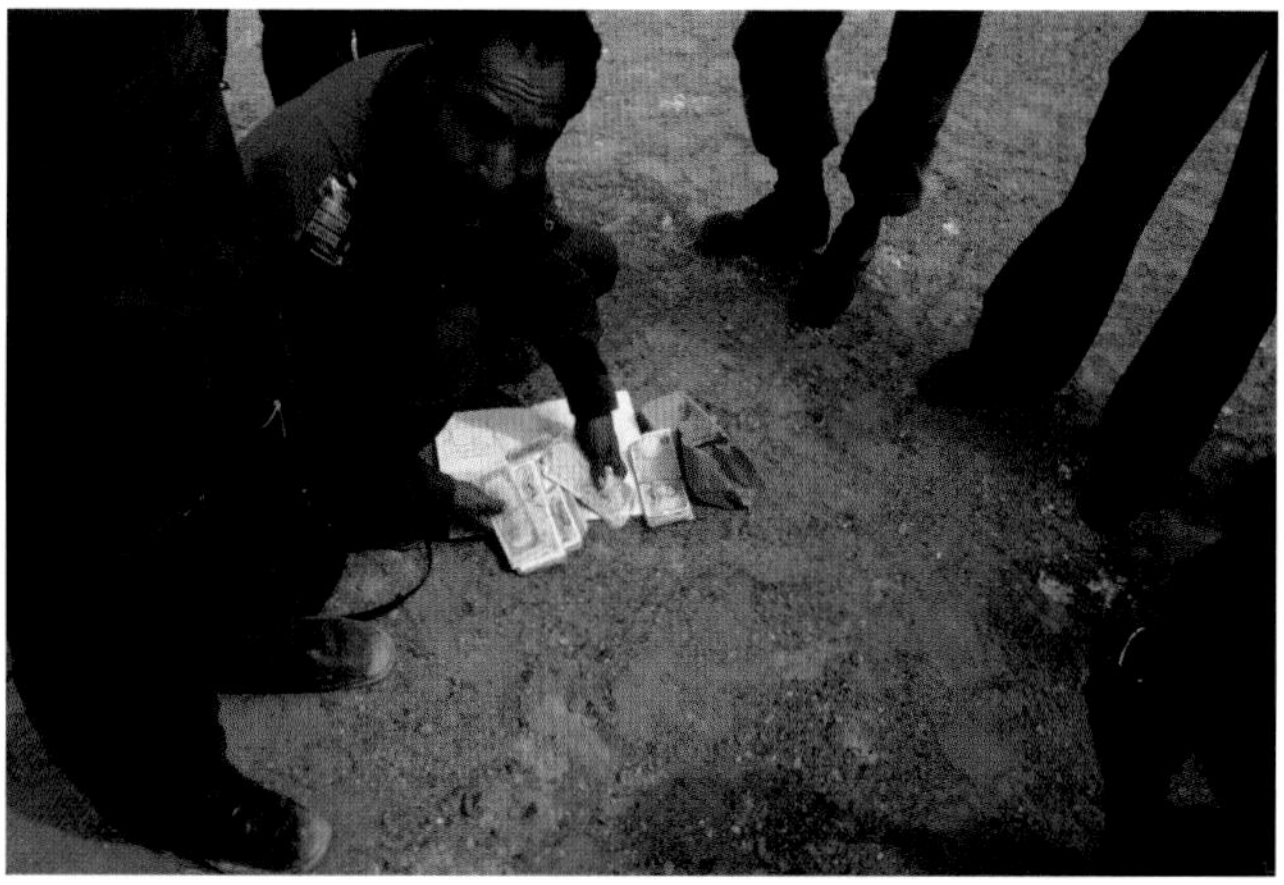
デザート・ワンに残されたイランのリアル紙幣およびアメリカのドル紙幣を手にするイラン兵たち。不測事態が発生し自力で脱出しなければならなくなった場合に備え、救出部隊の隊員は全員が多額の通貨を携行していた。(Bettmann, Getty Images)

置！」(Bancroft)。

イラン軍からの奇襲攻撃を警戒していたロバート・ロング大将は、作戦海域の全アメリカ海軍に警告を発した。「……発生したと推定される事故は、イラン軍による対敵行動を誘発する可能性がある」

ただし、その時点ではイランによる人質救出部隊に対する攻撃行動は確認されておらず、強襲後の交戦規定を適用する事態には至っていないと判断された。ロバート・ロング大将は、ジョーンズ大将に次のように伝えた。

……現在のところ、イラン政府がアメリカの救出作戦を察知したと判断できる理由は見当たらない。したがって、攻撃後の交戦規定を発動すべき理由は見当たらない……救出作戦が実行されたことをイラン軍が察知したという確実な兆候があったならば、強襲後の交戦規定を適用する権限があることを認める……

ロング大将は、軍事的衝突の回避を望んでいた。「イランとの戦闘を避けたいし、ホルムズ海峡を通過中の駆逐艦を失うような事態も避けたい。」

C－130は、イラン国境を越え、オマーン湾を越えて、マシーラ島に帰投した。リパブリック5は、1発のエンジンに故障が発生したため、残りの3発のエンジンだけで飛行を継続した。リパブリック6の機内では搭乗者に対し、降着装置が損傷している公算が高く燃料が足りないため、海上に不時着する可能性があるという情報が伝達された。隊員たちは負傷者への負担を少しでも減らすため、水を飲ませたり火傷を冷やしたりするなど、できる限りの手当てを行った(Vining)。輸送機に搭乗し暗闇の中に座っていたフィッチ少佐は、精神的に打ちのめされていた。これまで2年半にわたって訓練してきた作戦が、事故の発生で終わってしまった。一緒に搭乗しているヘリコプターのパイロットたちと目を合わせることができなかった。前の方にはベックウィズ大佐が座っているはずだったが、探そうとも思わなかった。心の中に事故のイメージがまざまざと蘇る中、黙って座っているのがやっとだった（Fitch)。

あるEC－130Eの機内では、疲れ果てて眠っていた隊員たちが、搭乗員の大声で目を覚ました。それは、燃料が足りないので機体を軽くしなければならないと言うロードマスターの声だった。後部ランプ・ドアが下げられると、不要なものがすべて投棄された。隊員たちはアメリカの艦船の近くに不時着水し、救出を待つことになるのを覚悟した。幸いなことに、搭乗員たちは数マイルの航続距離を絞り出すことに成功した。マシーラ島に着陸した時、燃料は全く残っていなかった（Haney, 251）。

1時13分（国際標準時）、すべての輸送機がイラン領空からの脱出を完了した。最後にマシーラ島に着陸したのは、リパブリック5だった。マシーラ島のオマーン空軍が管轄する基地では、厳しい保全措置にもかかわらずそこで勤務していたイギリス人職員でさえもが事態を把握していた。輸送機が駐機すると、2人のイギリス人が2ケースのビールを持ってジープでやって来た。そのうちの一つのケースには、「勇気を持って戦いを挑んだ皆様へ」という無邪気なメッセージが添えられていた。

4月25日、マシーラ島からC-141に搭乗してエジプトのワディ・ケナに到着したデルタ、レインジャー、そして生き残った搭乗員たち。それは、テヘランから人質を救出するためにマシーラ島を出発してから、わずか24時間後のことであった。その間に続けざまに起こった不運により、ワディ・ケナへの帰投が余儀なくされた。隊員たちの表情には、作戦が完全に失敗したことへの失望と動揺が見て取れる。まだ武器を携行している者もいる。M60機関銃の脚およびM72 LAW（Light Anti-tank Weapon, 軽対戦車火器）が確認できる。（DoD）

輸送機が着陸すると、空軍の航空医官が機体に飛び乗り、火傷などによる負傷者の救命医療を開始した。降機した隊員たちは、可能な限り隊列を組んで人員を掌握し、負傷者、行方不明者および死者を把握した。C－141Bが着陸し、隊員たちを搭載してワディ・ケナに向けて離陸した。火傷を負った者は、ドイツまで空輸された。

海上では、空母ニミッツおよびコーラル・シーの艦載機が発艦準備を完了し、臨戦態勢を整えていた。時間が刻々と過ぎ、日が高くなるにつれて気温が急上昇する中、命ぜられれば直ちにイランを攻撃できる態勢を維持していた。最初に警戒態勢に就いた搭乗員たちのもとに、次の搭乗員が近づき、交代を告げた。戦闘意欲にあふれる搭乗員たちは、最初のうちはそれを拒絶していたが、運用士官から厳しく命ぜられると、ようやく機体から降りた（Ardaiolo）。

事故による混乱が収まり始めた。イランには、戦闘行動を開始する兆候が見られなかった。救出作戦が事故で失敗に終わったという表現が徐々に使われ始めた。事態をつぶさに見てきた搭乗員たちは、それを聞いて意気消沈し、悲しみと怒りに駆られた。アメリカは、ベトナム戦争に続いて再び挫折を味わうことになった。デザート・ワンに群がるイラン人たちへの攻撃、放棄されたヘリコプターの破壊、戦力を誇示するための威嚇飛行などが行われなかったことに対し、疑念の声が上がった。ニミッツ空母グループは、南に進路を向け、イランから距離を置いた（Brennan）。

ワディ・ケナに戻ったベックウィズ大佐は完全に意気消沈していた。長年にわたって、デルタの態勢を整えることだけを考えて生きてきた。それは、このような事態に際して要求される、重大な任務を遂行するためだった。それにも関わらず、最初の作戦で辛酸をなめさせられたのである。自らの責任を認めようという気持ちにはなれなかった。ヴォート少将に怒りを集中させ、海兵隊のパイロットを臆病者とののしった。武器や装具を残したまま離脱した自分の部下にも激怒した。2番目のハブーブに巻き込まれた際に、方向転換して空母ニミッツに帰投するように命じたチャック・ピットマン大佐も非難した。航空機とは無関係の運転手さえも怒鳴りつけた。ベックウィズ大佐の怒りは、デザート・ワンでの事故に何の責任もない隊員たちと目が合った時に頂点に達した。その13名の外務省強襲チームの特殊部隊員たちは、ベックウィズ大佐から侮辱を受けたと感じた。ベックウィズ大佐は、最初は彼らの努力を褒め称えたが、その後は脱出する際に武器を携行しなかったことを厳しく叱責した。もう少しで死ぬところだった隊員たちにとって、武器や装備など二の次だった。ベックウィズ大佐は、ヘリコプターへの空爆が行われなかったことにも激怒した。混乱し、錯綜し、燃えさかる航空機や爆発する弾薬などによる危険が高まる中、デルタはそれらを破壊できずに放置してしまったのであった。ただし、アメリカに帰投する途中では、自らの発言が不適切であったことを認めて謝罪した (Beckwith, 258–260, Bowden 483–485, Fitch)。

リチャード・メドウズに事態の発生を最初に伝えたのは、テキサスの実業家であり特殊部隊関係者の友人であるロス・ペローであった。作戦は一時的に頓挫《とんざ》しただけで、再開されるだろうと思っていたメドウズにとって、その知らせは衝撃であった。メドウズは、アメリカ国民に対する大統領声明の内容をペローから聞いて愕《がく》然とした。さらに、作戦に関する情報のすべてがデザート・ワンで放棄されたヘリコプターの中に残されたことを聞くと青ざめた。その情報の中には、倉庫や隠れ家の場所、イラン人連絡員の居場所、エスクァイアという自分の秘匿名など、イラン人たちがこの作戦を支援した人物を特定するのに必要なものがすべて揃っていた。テヘランに取り残されたメドウズには、３つの選択肢があった。トルコまで車で行くか、南部に向かってヘリコプターでピックアップしてもらうか、テヘラン空港まで車で向かってアイルランドのパスポートで脱出するか、である。メドウズにとって、捕獲されて拷問されることも恐ろしかったが、最も恐れたのは、スパイとして捕まり、イランの暴徒やテレビカメラの前を引きまわされることだった。メドウズは、空港を使う方針を選択し、脱出に成功した (Hoe, 160–163)。

テレビの電源を入れたチャンジズ・ラヒジは、複数のアメリカの航空機が墜落し、シオニストの救出部隊全員が死亡したと報じるイラン国営放送を聞いた。イランから速やかに脱出しなければならなかった。そのためには、タブリーズからトルコとの国境に向かうか、ペルシャ湾のアバダンまで南下して海上から脱出するしかなかった。行先は、アバダンに決まった。中学時代に叔父と暮らしていた頃の土地勘があったからである。海岸までの13時間の道のりは、神経をすり減らす危険に満ちたものであった。アバダンで旧友たちを探し当てたラヒジは、数日間、彼らと一緒に過ごした後、クウェートまで密航させてくれる漁船を１５０ドルで手配することができた (Lahidji, 21–24)。

フレッド・アルージは、イランのテレビがデザート・ワンの画像を流し、テヘランにアメリカ人諜報員がいると報じるのを見て、自

4月25日、マシーラ島からワディ・ケナに到着したC-141から降機する救出部隊。デルタ・オペレーターの中には、黒染めのフィールド・ジャケットを着用し、ポケットを補給品で膨らませたままの者も確認できる。アメリカ国旗を覆っているテープがそのままになっているのが象徴的である。大使館を強襲する際には、テープを剥がし国旗が見えるようにすることになっていたが残念ながら、その機会は訪れなかった。その後方には、降着地域の警戒にあたった第75レインジャー連隊第1大隊の隊員たちが確認できる。レインジャー隊員たちは、アメリカ陸軍標準の緑色の戦闘服および装具を着用している。M72 LAW（Light Anti-tank Weapon, 軽対戦車火器）を携行した隊員もいる。（DoD）

4月25日、C-141に搭乗してワディ・ケナに戻った救出作戦部隊。デザート・ワンでの事故や仲間の死などの一連の不運、そしてテヘランからの人質救出の失敗に失望している様子がうかがえる。デルタ・オペレーターの中の一名は、首からNVG（Night Vision Goggle, 暗視眼鏡）をぶら下げている。また、ベックウィズ大佐が携行させた共通装備品の一つであるスリング・ロープを腰の周りに巻きつけた隊員もいる。右側のレインジャーは、少なくとも3つのLAW（Light Anti-tank Weapon, 軽対戦車火器）を背負っている。（DoD）

分自身に深刻な問題が迫っていることを理解した。最終的にはトルコとの国境から脱出に成功したが、それまでの数週間は、テヘランに潜伏することを余儀なくされた。極めて危険な任務のためにテヘランに派遣されていた諜報員たちは、結果的に全員が生還できた。しかし、数週間にわたって安否不明の状態が続いた者もいたのであった。

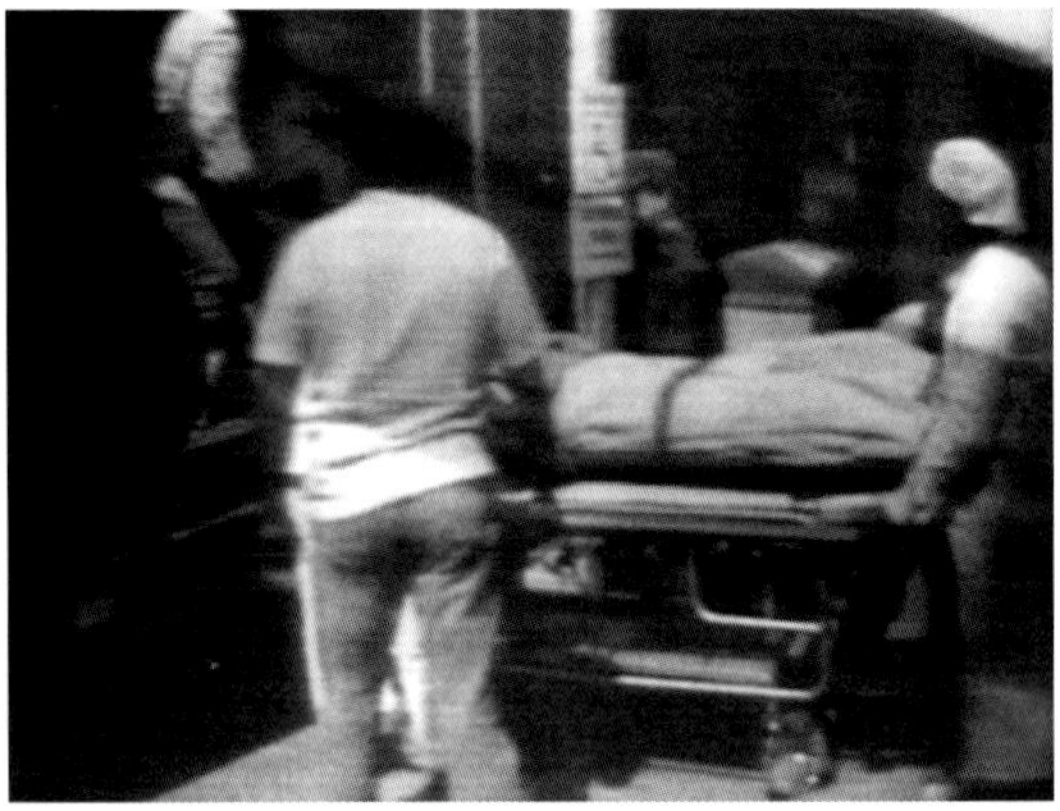

事故発生後、中東からの長い飛行を経て、西ドイツ国内のアメリカ軍基地にある病院に運び込まれる負傷した搭乗員たち。
（Tim Bauer/Fairfax Media, Getty Images）

4月25日、救出作戦が事故で失敗した後、マシーラ島で搭乗したC-141からワディ・ケナで降機し、滑走路を徒歩で移動する救出部隊。テヘランから53人の人質を救出することができなかった隊員たちは、この後すぐにアメリカへの帰国の途についた。（DoD）

【注釈】
（2）記載されている時間は、すべて国際標準時であり、航空機飛行記録等記録簿および送信通話記録に基づくものである。
（3）無線通信の内容は、強襲作戦間に記録された録音からの文字起こしによるものである。

デザート・ワンでの事故の知らせに衝撃を受け、アメリカ国民に対する演説を準備するジミー・カーター大統領。この強襲作戦は、すべての者から支持されていたわけではなかった。サイラス・ヴァンス国務長官は、この作戦の実施が決定されたことに抗議して辞任を表明していた。カーター大統領は、1981年1月20日に最終的に人質が釈放されるまで、この問題による抑圧から解放されることはなかった。イラン人質事件の失敗は、再選をかけた大統領選でロナルド・レーガンに敗北した要因の一つとなった。カーター大統領は、今もなお事故の悪夢に悩まされ続けている。
(Bettmann, Getty Images)

余波
THE AFTERMATH

4月25日金曜日の朝、カーター大統領は国民への演説を行った。その後、上院および下院議員への説明も行った。当時、カーター大統領が「クソ野郎ども」と呼んでいた2人を除き、すべての議員が救出作戦の実施を支持した(Carter, 422)。イランは、カーター大統領の首席補佐官であるハミルトン・ジョーダンに対し、次のように電話で非難した。「今回の作戦は馬鹿げている。人質を殺すつもりなのか！」それに対しジョーダンは、「人質の一人にでも危害が加えられたならば、イランは極めて高い代償を払うことになることを警告しておく」と応じた。そして、さらに2人の関係者に電話し、重ねて警告した。「テヘランにいるアメリカ国民に何らかの危害が及んだ場合は、戦争になるだろう」(Jordan, 276)

4月27日、ジミー・カーター大統領とズビグネフ・ブレジンスキー大統領補佐官は、バージニア州のキャンプ・ピアリーに向かい、ベックウィズ大佐をはじめとするデルタ・オペレーターたちと面談した。ベックウィズ大佐は、「大統領の期待を裏切る結果となり、申し訳ありませんでした」と涙ながらに謝罪した。大統領はベックウィズ大佐を抱きしめ、その努力に感謝した。ベックウィズ大佐は、大統領に哀願した。「もう一度、行かせてください」(Beckwith, 262)。

ライン・マイン空軍基地では、デザート・ワンで死亡した隊員たちの遺体空輸任務への志願者の募集がはじまった。その任務は、イランが遺体の返還に同意したならば、直ちに行われると考えられていた。数日間にわたる作戦行動を終えたばかりの搭乗員たちであったが、志願をためらう者はいなかった(Utarro, 34)。しかしながら、隊員たちの遺体はなかなか返還されなかった。イランはこの事件か

ワシントンDCのアーリントン墓地にある記念碑。イーグル・クロー作戦で殉職した隊員たちの名前が刻まれている。（DoD）

らできる限り多くの宣伝効果を得ようとしていた。最初に現場に到着したイラン兵たちはバスの乗客たちから状況を聞くと、すぐに逃げ去ってしまった。兵士たちは、自分たちが何に出くわしたのか分かっていなかった。もし、それがイラン人による軍事クーデターならば、関わり合いになりたくなかったのである。イランのアーヤトッラー・ホメイニー最高指導者とアブドル・ハッサン・バニーサドル大統領は、アメリカによる作戦の実施を非難し、死者数や部隊の規模を誇張して発表した。その後、アメリカ大使館で記者会見を開き、事故で死亡した隊員たちの家族に対し哀悼の意を表してから、その遺体袋を公開した（Bowden, 478–479）。それから5日後、デザート・ワンで死亡した8名の隊員の遺体は、バチカンのカプッチ大司教に付き添われ、国際赤十字の航空機でスイスのジュネーブへと空輸された（Zablocki, 170）。そこからは、C－141Bに乗せ換えられ、国旗で覆われた棺に納められてデラウェア州のドーバー空軍基地まで空輸された。

5月9日、アーリントン国立墓地において、作戦で殉職した隊員たちの追悼式典が挙行された。式典には、カーター大統領、作戦計画立案者たち、ベックウィズ大佐、そして死亡した隊員の家族が出席した。厳かに執り行われた式典の最後には、殉職者に対する追悼飛行（missing-man formation）が行われた。

5月15日、カーター大統領は国防総省に赴き、作戦に参加した航空機搭乗員、計画立案者および秘密工作員と面会し、任務遂行への尽力に感謝の意を表した（Carter, 428）。マスコミから作戦の失敗を強烈に非難され続けていたカーター大統領は、隊員たちと会うことに慰めを見出していた。各紙の社説は、ほぼ一様に、軍による作戦が完全に失敗したことを批判し怒りをあらわにしていた。人質事件の間は60％近くまで急上昇していたカーター大統領の支持率が、強襲作戦が失敗した後には30％未満まで急落した（ギャラップ世論調査）。強襲作戦の失敗は、１９８０年の大統領選挙を目前にしていたアメリカ全土に大混乱を引き起こした。人質事件への対応に忙しかったカーター大統領は、初期の段階では選挙運動の実施に積極的ではなかった。その間、共和党候補であるロナルド・レーガンは、イランから受けている「屈辱と恥辱」を訴え続けた。

アメリカによる強襲作戦の実行は、世界各国から非難を浴びた。強襲作戦に参加した部隊が拠点とした国々は、作戦に関する事前通知がなかったことに激怒した。オマーンは、アメリカとの基本協定からの離脱を表明したが、カーター大統領からの親書が緊張緩和に功を奏した。エジプトのサダト大統領は、強硬な手段に訴えようとしないアメリカの態度をかねてから批判していたが、作戦が実行されると公式には驚きを装った。ただし、個人的にはアメリカに対する継続的な支援を約束した（State）。日本では、沖縄を拠点とする第1特殊作戦飛行隊（Special Operations Squadron, ＳＯＳ）も強襲作戦に参加したことが明らかになると、アメリカ軍基地への反対運動が激しさを増した。スペインでは、作戦に参加していた輸送機のうちの1機がロタ海軍航空基地に着陸すると、事態を把握したスペイン政府により、直ちにスペイン領土から離陸することが基地司令官を通じて要求された（Utarro, 33）。

5月24日、ハーグ国際司法裁判所は、アメリカによる人質救出作戦の実施に対する問責決議案を可決した。その理由は、救出作戦の実施が、人質事件の解決に向けた国際司法裁判所の努力を無駄にし、両国間の緊張を高めたというものであった。ロシアとシリアの裁判官は、より強い制裁をアメリカに課すべきだと主張した。その理由は、イランが人質に害を及ぼしていないにもかかわらず実施されたこの作戦は正当な戦力の行使に該当しないというものであった（Kreisberg, ed., 340）。

１９８０年5月27日、常日頃からアメリカに一矢報いたいと考えていたソヴィエト政府は、アンドレイ・グロムイコ外相とアメリカ大使のトーマス・ワトソン・ジュニアとの会談において、救出作戦の実施およびイランに対する武力の行使を非難した。グロムイコ外相は、ソヴィエトの立場を次のように表現した。「我が国は、イランに対するアメリカ軍の行動を断固として非難するほかない。問題を引き起こしたのはイランではなく、アメリカ自身である。客観的立場から見て、アメリカの軍事行動を支持する者はいない。ソヴィエトは、いかなる形であろうとも、イランで武力が行使されたことを断固として非難する。」

調査

5月1日、ベックウィズ大佐はジョーンズ大将から、報道機関に作戦についての説明を行うように命じられた。自分ではなくマイヤー大将に行わせるように要望したが、その日の午後には、記者会見の場に立たされることになった。その会見は、ベックウィズ大佐の独特な個性を明らかにするものとなった。その態度は、不愛想な特殊作戦隊員というその外見から受ける印象そのものだったからである。ベックウィズ大佐は、ヘリコプターの到着が遅れたこと、作戦を続行するかどうかが議論になったこと、搭乗員の遺体を残置したこと、そして自分自身の辞任もしくは解職が取りざたされていることについて、怒りと不満をあらわにした（Beckwith, 265）。

放棄されたヘリコプター、焼け焦げた輸送機の残骸、そして身元が分からないほどに焼け焦げた遺体の写真は、アメリカ国民の意気を消沈させた。国民の誰もが、何が問題だったのかを知りたがった。デザート・ワンでの事故からわずか2週間後の１９８０年5月7日、上院軍事委員会は公聴会を開いた。

上院軍事委員会の権限は、事故に至るまでの経緯を調査することに限定されていた。バリー・ゴールドウォーター上院議員は、そこで明らかになった問題を理由として、誰かが降格させられたり叱責されたりしないことを要求した（Thigpen, 231）。議論の中心となったのは、この事案から学ぶべき教訓および同種事案の再発を防止するための方策であった。前者については、数多くの問題点が明らかにされた。後者については、対テロ作戦を担当する恒久的な任務部隊を創設することが必要だという結論が導き出された。この勧告が

事故の後、デザート・ワンに残された機体。手前に写っているのはRH-53D、奥の方に写っているのは衝突したEC-130（リパブリック4）とRH-53D（ブルービアード3）の残骸である。遠方には、イラン軍のUH-1ヒューイも見える。横の方には、撤退時に放棄されたRH-53Dがそのまま残されている。デザート・ワンが合流地点に選ばれた理由がよく分かる。地形が平坦で、障害物がない。（Bettmann/Getty Images）

法制化されたのは、それから6年後の1986年のことだった。国防費歳出法に基づき、アメリカ特殊作戦軍という新たな組織が創設された（Thigpen, 231）。何が問題だったのか、そして、それを解決するために何が必要なのかを問われたベックウィズ大佐は、次のように答えた。

ある特殊な事件がイランで発生しました。何とかしようとした私たちは、人員、武器および装具、設備を探し回って見つけ出し、それらをまとめ上げ、非常に複雑な作戦を遂行しようとしました。それぞれの部署は個々の任務を確実に遂行しましたが、必ずしもチーム全体として適切に行動できたとは言えませんでした。全員が同じレベルの士気を有していたとも言えませんでした。私が提案したいことは、必要なものすべてを一つにまとめた組織を作ることです。その組織には、デルタ、レインジャー、ネイビー・シールズ、空軍パイロット、独自の参謀、独自の支援要員、独自の輸送機およびヘリコプターが含まれている必要があります。そういった組織を恒久的な作戦部隊として創設してもらいたい。自分たちの家と呼べる場所を与えてもらいたい。その維持のために十分な予算を割り当ててもらいたい。そして、隊員たちを採用し、評価し、訓練するために十分な時間を与えてもらいたい。そうでなければ、テロとの戦いに真剣に取り組んでいるとは言えません。（Beckwith, 268）。

下院軍事委員会も、同じく1980年5月に2週間にわたる公聴会を開催し、多数の関係者から改めて証言を聴取した。その結果、

デザート・ワンに残されたEC-130（リパブリック4）の燃え尽きた残骸。事故当時この場所には、吹き荒れる砂塵、真っ暗な闇夜、そして耳をつんざくような輸送機およびヘリコプターのエンジン音の中、地獄のような光景が広がっていた。（Bettmann/Getty Images）

上院委員会よりも多くの技術的詳細が明らかになった。政治専門誌のザ・ヒルも態度を軟化させ、統合参謀本部議長による徹底的な調査の実施を支持するようになった。

　正式には特殊作戦調査グループ（Special Operations Review Group）と名付けられたこの調査委員会は、議長であるジェームズ・L・ホロウェイ3世提督にちなんでホロウェイ委員会（Holloway Commission）と呼ばれた。この委員会の目的は、作戦全体の完全な調査を実施し、その問題点と解決法を明らかにすることであった。委員会は、すべての文書、命令、訓練体制、航空機の型式、計画、人員など、作戦に関連する可能性のあるすべての要素を検討した。基幹要員全員に対する事情聴取を行うため、フォート・ブラッグやハルバート・フィールド空軍基地での調査も行った。ハルバート・フィールドのホーリー着陸場（Holley Field）では、作戦参加者による無灯火着陸に加え、飛行場の占拠や大使館の強襲までもが展示された。

　１９８０年８月、ホロウェイ委員会は、この非常にリスクの高い作戦の失敗は、単一の行動または決定によるものではなかったと結論付けた。加えて、次の事項を指摘した。

・本作戦計画は、実行不可能なものではなかった。また、計画立案時に選択可能だった行動方針のうち、最良のものが選択されていた。
・本作戦の指揮統制は、上層部では良好であったが、下層部では混乱が生じていた。
・外部組織からの支援態勢は、十分に確立されていた。

破壊されたRH-53Dと無傷のRH-53D。各航空機の間隔が非常に近かったことが、デザートワンから緊急脱出した理由であった。弾薬および燃料が連鎖反応により爆発し、さらに多くの輸送機を失う恐れがあった。(Bettmann, Getty Images)

• 計画立案には、ヘリコプターの予備機数および天候に関する事項を除き、問題がなかった。
• デザート・ワンが設けられた場所は、計画立案者が認識していた以上にリスクが高かった。
• 作戦失敗の主たる要因は、ヘリコプターと天候の二つであった。

ホロウェイ委員会は、人質事件への対処を任務とする統合任務部隊が存在しない中、人材の発掘から作戦の実行までをゼロから行わなければならなかったことが、問題の生じる可能性を増大させたと結論付けた。また、作戦保全のレベルが高すぎたために、作戦のほぼすべての段階において重要な情報の共有が妨げられたことも重大な要因の一つであったとした。

ホロウェイ委員会は二つの勧告を発出した。一つ目は、恒久的な対テロ作戦統合任務部隊(Counterterrorist Joint Task Force)を創設し、必要な指揮統制能力と戦闘力を割り当てることであった。二つ目は、特殊作戦諮問委員会(Special Operations Advisory Panel)を設立することであった。これらの勧告に基づき、1987年に創設されたのがアメリカ特殊作戦軍(United States Special Operations Forces)であった。

統合参謀本部議長のジョーンズ大将は、気象が作戦に及ぼした影響について検討を命じた。その結果、ブキャナン大尉が率いるチームは、気象予報を適切に実施していたものの、ハブーブを予測することはできなかったという結論が示された。ハブーブは、「的中率のいかんに関わらず、それを予報することは最先端の技術をもってしても困難であった」。国防長官が行った別の検討においても、同

イランは、アメリカ大使館を「Den of Espionage（スパイの巣窟）」と改称した。写真は、救出作戦に使用されたアメリカ軍ヘリコプターの部品。デザート・ワンにおけるイラン人のアメリカ人に対する勝利の象徴として展示されている、RH-53D のモックアップやドイツの小型旅客機の胴体も展示されている。（Behrouz Mehri/AFP, Getty Images）

新たに創設された特殊作戦軍の初代司令官に就任したジェームズ・リンゼイ大将。1987年、統合指揮系統を有するアメリカ特殊作戦軍が創設された。この新たに編制された部隊においては、複雑な特殊作戦を成功させるため、全方位的な任務遂行に必要な訓練および装備の充実が図られた。ホロウェイ委員会がデザート・ワンでの事故を調査することで明らかになった教訓事項は、この部隊が創設されるきっかけとなった。（DoD）

様の結論が示された。また、軍事作戦においては珍しくないことであるが、作戦保全上の要求がブキャナン大尉が率いるチームとの連携を阻害し、作戦計画への気象予報の反映を不十分にした。さらに、イランから気象情報を得ることは、全く期待できなかった。このような状況を踏まえれば、作戦開始前に前方観測員をイラン国内に派遣し、より正確な情報を収集し、作戦の延期や経路の変更を可能にすべきであった。ただし、前方気象観測員のイランへの投入および回収は、この作戦をさらに複雑なものにしたであろう（Benson）。

カイル大佐は、航空気象支援班を強く非難した。ハブーブの可能性を作戦計画立案者に警告しようとしていたことを知らなかったからである。そして、航空気象支援班がハブーブを予測する能力を有していなかったことに激怒した。この統合任務部隊が経路全体の天候が良好であると信じるほど世間知らずであり、天候悪化時の腹案を持っていなかったことにも激怒した（Kyle, 328）。この作戦における気象情報の不足に関し、最も厳しい批評を行ったのは、２００６年に発出された空軍教範（Air Force Doctrine Document）２-９.１「気象作戦（Weather Operations）」であろう。そこには、次のように記述されている。「イーグル・クロー作戦における気象に関する準備の欠如は、結果的にアメリカ軍の装備、その効果、そして最も重要なこととして、その尊い人命の喪失をもたらした。」（Weather Operations, 22）。

第二の救出計画：スノー・バード作戦

イーグル・クロー作戦が失敗に終わった後、誰もが恐れたのは、イランが次に何をするか分からないということであった。このため、第二の人質救出作戦を速やかに準備しなければならなかった。１９８０年4月26日、「スノー・バード作戦」の計画立案が開始された。新しい救出計画を作成し、その部隊の副司令官に任ずるように命ぜられたのは、統合参謀本部議長のデビッド・ジョーンズ大将であった。作戦の指揮は、空軍の特殊作戦に関して24年間の経験を持つリチャード・V・セコード大将が執ることとなった。

救出部隊は、新たな問題に直面した。前回とは異なり、人質がテヘランの街中に分散して収容されている可能性が高かったのである。ただし作戦自体は、基本的には前回と同じだった。デルタが大使館、レインジャーが飛行場を占拠し、第1特殊作戦航空団が航空支援を提供することになった。ベルリンから派遣される特殊作戦分遣隊Aは、人質がまだ外務省にいる場合には、そこへの突入を再び担任することになった。１９８０年の夏、この作戦に参加する2,３７７名の要員および１３６機の航空機が、さまざまな想定に基づく訓練を行った。7月には、「ラスティ・バジャー」と呼ばれる大規模な演習も行われた。

統合試験局（Joint Test Directorate）は、「ハニー・バジャー計画」と名付けられた新たな構想を打ち出した。それは、大型ヘリコプターを使わずにイランに侵入することで、ヘリコプターが持つ弱点を回避しようとするものであった。その作戦は、Ｃ－１３０がアメリカから5回の空中給油を行いながらノンストップで飛行し、敵に発見されないように低空でイランに侵入し、そのまま飛行を続けてサッカー・スタジアムに着陸した後、デルタと解放された人質をピックアップしてイランから脱出し、最終的には沖合に停泊する空母に着陸するという、過激なものであった。この構想は、「クレディブル・スポーツ」と呼ばれるようになった。

Ｃ－１３０は、もともと、舗装されていない短い滑走路でも着陸できるように設計されていた。しかし、サッカー・スタジアムに着陸し、そこから離陸して空母に着艦するためには、救出部隊、元人質、負傷者などを満載した状態で、約１００ヤード(約91メートル）の距離で離着陸できなければならなかった。それはほとんど不可能に近かった。解決策として編み出されたのが、Ｃ－１３０にロケットを

第二の救出作戦として計画された「クレディブル・スポーツ」に対応するための改修が施されたC-130。ロケットを装備することにより推力、制動力および安定性を向上させ、極めて短い距離で離着陸できるようになっている。その試験は、機体が大破して失敗に終わった。原因は、ロケットの誤作動であった。（DoD）

搭載することにより、着陸時に機体を減速させるとともに、離陸時に速度と揚力を増加させ、かつ安定させるという方法であった。

1980年10月17日、XFC－130Hと命名された3機のC－130改修機が、この常識はずれな離れ業への挑戦を開始した。大規模な改修が加えられたその機体には、サッカー・スタジアムへの着陸や離陸を可能にするため、合計30個のロケットが装備されていた。着陸時の機体速度を減少させるため、8個のMK－12対潜ロケット（Anti-Submarine Rocket, ASROC）が前方に向けて取り付けられた。機体の降下を抑制するため、8個のMK－78ロケット・エンジンが脚格納室の上側に下向きに取り付けられた。離陸を補助するため、8個のMK－56ロケット・エンジンが後部胴体下部に45度の角度で後下方に向けて取り付けられた。離陸してから水平飛行に移行するまでの間の安定性を向上させるため、各主翼のパイロンには4個の対レーダーミサイル「シュライク」のロケットモーターが2個ずつ取り付けられ、前部には2個のMK－12ロケットが後方に向けて取り付けられた。水平尾翼の前方には、2つの腹びれと1つの背びれが追加された。低速飛行に対応するため、2重すきまフラップやエルロンが拡大された。さらに、着艦時に機体を停止させるため、後部ランプ・ドアの前方にテールフックが追加された。(Thigpen, 242)。

1981年1月20日、釈放された喜びをあらわにする元人質のエリザベス・アン・スウィフト。作戦の数日後にはアメリカによる救出作戦が失敗したことを知らされていた。その後は、次の救出作戦を阻止するため、収容場所の移動が繰り返されたという。解放された人質たちは、自分たちを救出しようとしたすべての隊員たちを英雄と称えている。(DoD)

10日間にわたって行われた各構成品の試験は、ロケットの点火を制御するコンピューターの微調整を必要とした以外、おおむね順調に進んだ。10月29日、システム全体の最初の総合試験が行われた。離陸試験の結果は良好で、ロケットを使用することにより、10フィート（約3・0メートル）足らずの滑走距離で前脚を地面から6フィート（約1・8メートル）まで持ち上げることができた。機体は150フィート（約46メートル）で空中に浮かび上がり、その後約100ヤード（約91メートル）で30フィート（約9メートル）まで高度を上げ、115ノット（時速約414キロメートル）の前進飛行に移行できた。

しかし、補助ロケットを使用した着陸試験を開始した際に問題が生じた。前部胴体に取り付けられた減速用ロケットが点火した際に航法システムが誤作動し、残りの下部ロケットが点火されて速度および高度が急激に失われた。右主翼が滑走路に接触し、火災が発生した。搭乗員全員が何とか脱出できたものの、機体は完全に破壊さ

1979年11月17日、イランが宣伝効果を狙って解放した13人の人質たち。左から：エリザベス・モンターニュ、テリー・テッドフォード、ジャン・ウォルシュ、リリアン・ジョンソン、デビッド・ウォルター、ロイド・ロービン、ウェストリー・ウィリアムズ、テリー・ロビンソン、ジェームズ・ヒューズ、ジェームズ・ヴィンセント（Bettmann, Getty Images）

れてしまった。

人質事件の終焉

クレディブル・スポーツが墜落事故で失敗に終わった後、イランとアメリカ政府は外交的解決に向かって再び動き始めた。イラン政府は、１９８０年９月22日に始まったイラン・イラク戦争のため、アメリカが凍結していた１１０億ドルの資産などの資金や外交的支援を必要とするようになっていた。アルジェリアが仲介したアメリカとイランの交渉は、１９８０年秋まで続いた。１９８０年11月４日の大統領選挙においてロナルド・レーガンが勝利すると、カーター大統領が残りの就任期間中に武力を行使する可能性はほとんどなくなった。しかし、有事に備えた計画の立案は継続して行われ、１９８０年12月には、新たに計画された「ティン・ホーン作戦」の実行に必要な降着地を調査するため、イランへの偵察作戦の実施が許可されようとしていた（Lenahan, 184–186）。

１９８１年１月20日、残されていた52人の人質が４４４日間の拘束の後にようやく解放され、同年１月21日にフランクフルトのライン・マイン空軍基地でカーター前大統領に迎えられた。デザート・ワンの惨事は、その後もカーター元大統領を悩ませ続けた。何年にもわたって、大統領職について後悔していることを聞かれると、「ヘリコプターをもう１機準備すべきだった」と答えるのが常であった(Carter, 530)。

ワシントンDCのアーリントン墓地には、簡素な記念碑が建立された。その白い大理石の墓石に取り付けられた真鍮《ちゅう》のプレートには、救出作戦で殉職した８名のアメリカ人の名前が刻まれた。

1981年1月20日、444日間に及んだ拘束の後に解放され、テヘランから航空機で西ドイツのライン・マイン空軍基地に到着した元人質たち。人質たちの釈放を約束する「アルジェ合意」の調印にこぎつけるためには、大使館崩壊後にアメリカがイランから押収していた80億ドルの資産に関する権利を放棄しなければならなかった。人質救出作戦では、8名のアメリカ軍人が死亡した。この人質事件がもたらした政治的および軍事的影響は、今もなお続いている。一番上に写っているのはジェリー・プロトキン。手を振っているのはロバート・オード。(Bettmann, Getty Images)

1980年4月25日にイランで実施された人質救出作戦において殉職したアメリカ軍兵士たちに敬意を表して

アメリカ空軍:ハロルド・L・ルイス・ジュニア大尉、リン・D・マッキントッシュ大尉、リチャード・L・バッケ大尉、チャールズ・T・マクミリアン大尉、ジョエル・C・メイヨー2等軍曹

アメリカ海兵隊:デューイ・L・ジョンソン2等軍曹、ジョン・D・ハーベイ3等軍曹、ジョージ・N・ホルムス・ジュニア伍長

分析および結論
ANALYSIS AND CONCLUSION

イーグル・クロー作戦は、長い年月の間、根強く批判され続けてきた。それは、あまりにも複雑でリスクが大きすぎる作戦だったからである。その評価が誤りだとは言わないが、その作戦のリスクの大きさは、現在ではなくそれが行われた１９８０年春の時点での歴史的背景を考慮した上で評価されるべきである。当時のアメリカ人たちは、ベトナムからの撤退の余波を受け、失敗に怯え、落胆していた。戦争に勝てなかったアメリカは、世界中からサンドバッグにされるのではないかという恐怖にさらされていた。その一方で、１９７６年のイスラエルによるエンテベでの人質救出作戦の成功に、強い憧れを抱いていた。イスラエルが驚くべき複雑な作戦を成功させたのであれば、アメリカにもできるのではないか？

１９７９年11月4日、イーグル・クローの計画立案者たちは、その質問に答えなければならない事態に直面していた。イランはアメリカにとって、非友好国を含む国々に囲まれた敵対国であった。テヘランは、その国の中にある人口４００万の大都市であった。アメリカは、その都市の中心部にある巨大な敷地に閉じ込められている数十人の自国民を救出しなければならなかった。求められていたのは、その作戦を成功させる手立てだったのである。その作戦の実行には、非常に大きなリスクが伴うことが分かっていた。しかし、ソヴィエトとの冷戦の真っ只中にあった当時においては、何らかの行動を起こすことも、あるいは何ら行動を起こさないことも、そのいずれもが重大な戦略的意味を持っていた。作戦を実行しないという選択肢はなかったのである。イラン革命の先行きは全く予測できなかった。外交団の一員であるアメリカ国民が、テヘランで裁判にかけられ、処刑されるかもしれなかった。アメリカ合衆国がそれを傍

ハルバート・フィールド空軍基地の礼拝堂にある、デザート・ワンで殉職した８名の軍人たちを追悼するステンドグラス。８個のダイヤモンドは、殉職した隊員たちを表している。（USAF）

観していられただろうか？　カーター大統領は、間違いなく何らかの行動を起こすしかなかったのである。

残念ながら、カーター大統領がいかなる行動を起こしたとしても、それはほとんど理解できないほど複雑なものになり、まだ未熟な技術を活用せざるを得ず、かつ、隊員たちに新しい技能や戦術の習得を強要しなければならない宿命にあった。通信機器、夜間暗視装置、赤外線装置、隠密着陸装置などの機器を新たに調達して隊員たちに支給し、その取り扱いに習熟させなければならなかった。デルタやレインジャーは、室内掃討や飛行場の占領・確保などについて、激しい訓練を実施していた。しかしそれ以外の隊員たちは限られた時間の中で、戦闘状態にある市街地での飛行、夜間の空中給油など、ごく限られた専門的課目を訓練するのがやっとだった。隊員たちは、極めて危険な冒険的企てであることを十分に認識したうえで、率先してこの任務に臨んだ。それは、隊員たちの高い士気と忠誠心の証左にほかならない。

デザート・ワンでの事故について、最も反省すべき点を一つだけあげるとするならばそれは、作戦保全にパラノイア（偏執病）的な妄想を抱き、情報の漏洩を警戒しすぎたことである。そのことは、作戦が失敗する可能性とその危険性を不必要に高めてしまった。人質救出作戦はそもそもほとんど不可能な作戦であったが、作戦計画立案者に加えられた保全上の制約は、事実上作戦の失敗を決定づけた。

ソヴィエトなどが作戦準備に関する情報をつかみそれをイランに伝えるかもしれないという懸念は、ほとんどすべての決定に影響を及ぼした。トルコなどの周辺国から作戦を行う案が排除され、輸送機やヘリコプターの飛行時間および距離を著しく増大させた。本格的な予行は行われなかった。パイロットの選定に際しても、外国の諜報員たちに作戦を察知されないことが重視された。無線封止が徹底され、気象に関する重要な情報の伝達を妨げた。敵を欺騙するための架空の任務に整合させるため、ヘリコプターの整備やその状態を確認するための飛行が十分にできなかった。友好国の特殊部隊から支援を受けることもできなかった。これらの制約事項により、すべての部隊を一体とした、まとまりのある組織を作り上げることができなかった。それは、このようなリスクの高い特殊作戦を遂行するために、何としても必要なものであった。作戦が失敗した要因は、他にも探し出せばいくらでもある。しかし、戦略レベルにおいては、作戦保全を確保したいという圧倒的な欲求がすべての決定に過大な影響を与え、作戦の計画立案や実行段階で数多くの問題を引き起こしたことが最も重要な要因であった。

作戦失敗から40年が過ぎた今になって、イーグル・クロー作戦はリスクが高すぎるとして却下すべきだったと後知恵で言うのは簡単なことである。しかし、当時の世界は冷戦による緊張状態にあった。多くの国には、アメリカとソ連の顔色をうかがい、どちら側かにつくことが求められていた。そんな中、大使館が陥落したにも関わらず何も行動せずに傍観していられるはずがなかった。もしそのようなことをすれば、アメリカが弱体化した兆候として捉えられ、そのイメージに壊滅的な打撃を与えたに違いなかった。カーター大統領にとってこの作戦は、戦争を回避しつつ問題を解決しうる、実行可能かつ最良の選択肢だったのである。

イーグル・クロー作戦に関するアメリカ国民の記憶は、いやおうなくデザート・ワンでの事故に結び付けられている。事故のイメージによってこの強襲作戦を実行するためのすべての努力が覆い隠されてしまったのは極めて残念なことである。数十機の航空機、空母打撃群、地上戦闘員、イランに侵入した秘密諜報員、オマーン、エジプト、ワシントンなどにおける支援要員など、すべての部隊や隊員が、テヘランで囚われの身になっている53人のアメリカ人を救出するため24時間体制で働きづめに働いたのであった。

イーグル・クロー作戦は、アメリカ軍に多くの教訓を残した。アメリカ軍特殊作戦部隊はこれからも、グレナダ、パナマ、イラク、アフガニスタンなどの祖国から遠く離れた地域で、その能力を発揮することがますます期待されてゆくことだろう。その創立から数十年が過ぎた今でも、その力の起源は１９８０年４月のデザート・ワンでの事故なのである。極めて高い代償ではあったが、今日のアメリカ軍特殊作戦部隊が有する卓越した能力はデザート・ワンの灰の中から生まれたのだ。

参考文献

１９９２年、それまで未公開だった５，０００ページを超える文書の秘密区分が解除され、一般に公開された。これらの文書は、そのすべてがＷｅｂサイト「The Internet Archive」(https://archive.org/details/IranianHostageRescueAttempt) に15分割された状態で掲載されている。

Archives, US National. https://www.archives.gov/research/foreign-policy/iran-hostage-crisis

Ardaiolo, James. "Marine Corps Pilot Recalls Operation Eagle Claw. "US Marine Corps Museum Facebook Page. https://www.facebook.com/note.php?note_id=403207619184

Bancroft, Sgt James, USMC (Ret), serving with Marine Medium Helicopter Squadron, HMM-165 during Operation *Eagle Claw*. Email exchanges with author. Web host of https://thehostagerescueattemptiniran.wordpress.com/personal-stories-of-those-at-desert-one-and-at-sea

Beckwith, Col Charles A. (Ret) with Donald Knock, *Delta Force*, Dell (New York, 1983).

Benson, Joseph T. "*Weather and Wreckage at Desert-One*," *Air & Space Power Journal*, 21 February 2007. https://www.airuniversity.af.edu/Portals/10/ASPJ/journals/Chronicles/benson.pdf

Boykin, LTG William (Ret), *Never Surrender: A Soldier's Journey To The Crossroads Of Faith And Freedom*, Faith Words (New York, 2008).

Bowden, Mark, *Guests of the Ayatollah*, Atlantic Monthly Press (New York, 2006).

Brennan, Captain Lawrence, US Navy (Ret). On board the USS *Nimitz* during Operation *Eagle Claw*. Phone interview with author.

Carney, Col John T. (Ret) and Benjamin F. Schemmer, *No Room For Error: The Covert Operations of America's Special Tactics Units from Iran to Afghanistan*, Presidio Press (New York, 2002).

Carter, Jimmy, *White House Diary*, Farrar, Straus and Giroux (New York, 2010).

"*Chief Medical Officer Shares Story, Lessons Learned From Failed Iranian Hostage Rescue 35 Years after Top-Secret Operation Eagle Claw*." https://www.ledger-enquirer.com/news/local/article29446267.html

"*Eagle Claw Remembrances*." *Air Commando Journal*, Fall 2013. https://aircommando.org/portfolio-view/acj-vol-2-2-combat-talon/

Fitch, Logan and George Feifer, *Death At Desert One: An Eyewitness Report*, Penthouse, March 1984.

Greeley, Jim, "*A Night To Remember*," *Airman*, Vol 45 Issue 5, May 2001. http://www.airforcemag.com/MagazineArchive/Pages/1999/January%20 1999/0199desertone.aspx

Haney, Eric L, *Inside Delta Force*, Random House (New York, 2003).

Hoe, Alan, *The Quiet Professional: Major Richard J. Meadows of the US Special Forces*, University Press of Kentucky (Lexington, 2011).

Johnson, Capt Michael G, "*Colonel Reflects on Attempted Rescue Mission*," April 21, 2004. https://www.af.mil/News/Article-Display/Article/137104/colonel-reflects-on-attempted-rescue-mission/

Jordan, Hamilton, *Crisis: The Last Year of the Carter Presidency*, G. P. Putnams Sons (New York, 1982).

Kittfield, James, *Prodigal Soldiers: How the Generation of Officers Born of Vietnam Revolutionized the American Style of War*, Potomac Books (New York, 1997).

Kreisberg, Paul H., ed. *American Hostages in Iran: The Conduct of a Crisis*, Yale University Press (New York, 1985).

Kyle, Col. James H. with John Robert Edison, *The Guts to Try*, Orion Books (New York, 1990).

Lahidki, Changiz and Ralph Pezzullo, *Full Battle Rattle: My Story as the Longest-Serving Special Forces A-Team Soldier in American History*, St Martin's Press (New York, 2018).

Lenahan, Rod, *Crippled Eagle: A Historical Perspective of US Special Operations 1976–1996*, Narwhal Press (Charleston, 1988).

McKinney, Maj Mike and Mike Ryan, *Chariots of the Damned: Helicopter Special Operations From Vietnam to Kosovo*, Tomas Dunne Books (New York, 2001).

Meller, Captain Bob, "*The Night Two Plan*," *Air Commando Journal* Vol 2 Issue 4, Fall 2013, p. 24–26.

Murphy, Jack. Email exchange with author of this book and himself author of "Special Forces Berlin: Detachment A." http://www.detachment-a.org/detachment-a-clandestine-special-forces-missions-from-berlin-to-iran

Rice, Mark, "*Chief Medical Officer Shares His Story Lessons Learned from Failed Iranian Hostage Rescue Mission*," Ledger Enquirer, April 25, 2015. https://www.ledger-enquirer.com/news/local/article29446267.html

Sick, Gary, *All Fall Down: America's Tragic Encounter With Iran*, Random House (New York, 1985).

State Department Office of Historian https://history.state.gov/

Stejskal, James, *Special Forces Berlin: Unconventional Clandestine Operations of the US Army Elite, 1956–1990*, Casemate Publishers (Havertown, PA,

2017).

Thigpen, Col Jerry L., *The Praetorian Starship: The Untold Story of the Combat Talon*, Air University Press (Maxwell Air Force Base, 2001).

Uttaro, Col Gerald, "*Operation Eagle Claw Recollections*," *Air Commando Journal*, Fall 2013.

Vining, SGTM Mike (Ret). Member of 1st Special Forces Operational Detachment – Delta at Desert One. Email exchanges with author.

Walter, CMSgt William (Ret), "AC-130s In Operation Rice Bowl and Eagle Claw," Air Commando Journal, Vol 3, Issue 2 (Summer 2014), pp. 9–15.

Zimmerman, Dwight Jon and John D. Gresham, *Beyond Hell and Back: How America's Special Operations Forces Became the World's Greatest Fighting Unit*, St Martin's Press (New York, 2013).

著者あとがき

「イーグル・クロー作戦」の実行から40年を経てから、それを包括的に調査しようとする試みにはさまざまな課題が山積していました。何よりもまず、この作戦は秘密に指定されており、その詳細についてはいまだに明らかにされていない部分が数多くありました。また、強襲作戦から10年後に最初の体験談が公開されていましたが、秘密指定による制約、原稿資料の誤った解釈、作戦の詳細に関する記憶の誤りなどにより、必ずしも適切な内容とはなっていませんでした。残念ながら、これらの問題点の中には現時点においても解決できていないものもあります。さらに、残されている写真の数は極めて限られていました。強襲作戦開始前の各種航空機や事故後のデザート・ワンの写真がいくつかあるものの、行動を開始しようとするデルタを撮影したものは、デルタのカメラマンであったジョセフ・J・「ジョー」・スマケリス1等軍曹が撮影した一連の写真だけでした。これらの貴重な写真には、作戦実行日に輸送機に搭乗するデルタと、それからわずか24時間後に事故現場から帰投したデルタの姿が捉えられています。

この調査にあたって、強襲作戦に関する私の質問に辛抱強く答えてくれたアメリカ陸軍のマイク・R・ヴァイニング上級曹長（退役）、海軍のラリー・B・ブレナン大佐（退役）、海兵隊のジェームズ・バンクロフト軍曹（退役）に心から感謝します。彼らの支援のおかげで、バラバラだったストーリーをつなぎ合わせ、これまでに公開されていた説明の中に潜む矛盾点を明らかにすることができました。

１９９２年、強襲作戦に関連する数千ページの文書が機密解除され、一般に公開されました。その中には、実際の無線通話の録音データも含まれていました。言うまでもなく、そこには数多くの貴重な情報が眠っていました。作戦中に交わされた無線通話の緊迫した内容は、その一部をそのまま記載しています。膨大な数の飛行記録も、作戦の進展順序を知るうえで大いに役立ちました。

おことわり：この作品の内容は、著者の見識に基づくものであり、いかなるアメリカ合衆国政府機関の見解を示すものでもありません。何らかの誤りがあった場合、その責任はすべて著者である私にあります。

２０２０年3月　ジャスティン・ウィリアムソン

訳者あとがき

北朝鮮拉致被害者の救出に関わる活動を行っている「予備役ブルーリボンの会」の会員である私は、２０２１年12月10日にグランドヒル市ヶ谷で開催された同会主催のシンポジウムに参加しました。そこで耳にしたのは、「イーグル・クロー作戦」はアメリカにとって「自衛権の行使」であったというパネリストの織田邦男元空将の言葉でした。戦史にはほぼ無縁の私ですが、「イーグル・クロー作戦」だけは特別な存在でした。その作戦は、自衛隊を退官後に翻訳・出版したＶ‐22オスプレイの歴史書『ドリーム・マシーン』の中で、オスプレイ開発を後押しした出来事として大きく取り扱われていたからです。その時、私の中に、すでに資料として入手していた『OPERATION EAGLE CLAW 1980（原題）』を翻訳・出版しようという決意が生まれました。

イランに囚われた人質を救出しようとするイーグル・クロー作戦をアメリカが実行したのは、１９８０年のことでした。その作戦自体は失敗しましたが、自国民を守ろうとするアメリカ国民の強烈な意志を明確に示すこととなり、結果的には人質全員の解放につながりました。同じころ、日本では北朝鮮による拉致問題がすでに表面化していました。それから40年以上の間、日本は少なくとも表立っては何も失敗してきませんでしたが、いまだに問題を解決できていません。

もちろん、日本にはアメリカと同じことはできません。しかし、だからと言って何もしなくていいわけがありません。この問題を解決に導くためには、日本人ひとりひとりが自分にできることを実行することが何よりも大切だと思います。私にできることは、この本を翻訳することでした。そこには、アメリカ人の自国民の救出に向けた決意と覚悟が書き表されていました。本書が、拉致問題に対する日本人の意識にわずかでも変化をもたらすことを願ってやみません。

本書の翻訳にあたっては、予備役ブルーリボンの会会員である元海上自衛官の福田正彦様および同じく元航空自衛官の鎌田和明様から、海軍や空軍の運用などについて数々の貴重なアドバイスを頂きました。この場を借りて、厚く御礼申し上げます。

令和６（２０２４）年２月　　影本　賢治

索引

注：軍事装備品の名称への「US（アメリカ）」の記載は省略している。

〈著者〉
ジャスティン・ウィリアムソン（Justin W. Williamson）
アメリカ合衆国の元外交官。イラク、メキシコ、スペイン、コンゴ民主共和国で勤務。テキサス工科大学およびテキサス大学エルパソ校で学位を取得。近年になって、アメリカ陸軍指揮幕僚大学を卒業し、軍事研究修士（Master of Military Arts and Sciences）を取得している。テキサス州在住。

〈イラストレーター〉
表紙：ジム・ローリエ（Jim Laurier）
ニューイングランド出身。1978年、コネチカット州ハムデンのパアー芸術大学（Paier School of Art）を卒業。ファインアートやイラストレーションの分野で活動している。アメリカ空軍にも航空絵画を提供しており、ペンタゴンに常設展示されている。ニューハンプシャー州在住。

戦闘シーン：ジョニー・シューメイト（Johnny Shumate）
フリーランスのイラストレーター。オースティン・ピー州立大学を卒業後、1987年にイラストレーターとしての活動を開始。その画風は、アンガス・マクブライド、ドン・トロイアーニおよびエドゥアール・ディテールの影響を受けている。テネシー州ナッシュビル在住。

鳥瞰図：アラン・ギリランド（Alan Gilliland）
写真および建築について学んだ後、デイリー・テレグラフ社のグラフィック・エディターとして18年間勤務。その後は、イラストの創作・出版、複数の出版社への提供などを行っている。リンカンシャー州（イギリス）在住。

〈訳者〉
影本賢治（かげもと けんじ）
陸上自衛隊を退職後、ウェブサイト「AVIATION ASSETS（アビエーション・アセット）」を開設。アメリカ陸軍機関誌の翻訳などを行っている。北朝鮮拉致被害者の救出を目指す「予備役ブルーリボンの会」の会員。訳書に『ドリーム・マシーン――悪名高きV-22オスプレイの知られざる歴史』（鳥影社）がある。北海道在住。

イーグルクロー作戦
在イラン・アメリカ大使館
人質事件の解決を目指した
果敢な挑戦

2024年2月15日初版第1刷発行
著　者　ジャスティン・ウィリアムソン
訳　者　影本 賢治
発行者　百瀬 精一
発行所　鳥影社 (www.choeisha.com)
〒160-0023 東京都新宿区西新宿3-5-12トーカン新宿7F
電話 03-5948-6470, FAX 0120-586-771
〒392-0012 長野県諏訪市四賀229-1(本社・編集室)
電話 0266-53-2903, FAX 0266-58-6771
印刷・製本　シナノ印刷

ISBN978-4-86782-064-3 C0031